dtv

Mit seiner Fülle an Weisheitslehren gilt Indien von jeher als Wiege der Spiritualität. Stephan Schuhmacher hat in diesem Band einen wahren Schatz indischer Weisheitsschriften mit all ihren vielschichtigen Aspekten zusammengetragen – beginnend bei den klassischen Schriften der Veden und der Bhagavad-Gita über große spirituelle Meister wie Shankara und Buddha bis zu universalen Weisheitslehrern wie Mahatma Gandhi, Sri Aurobindo oder Meher Baba. In den Gedanken über Liebe, Frieden, Kontemplation, Gewaltlosigkeit, Hingabe und viele weitere Lebensthemen erschließt sich den Lesern die philosophische Größe und reiche mystische Tradition Indiens.

Stephan Schuhmacher war viele Jahre als Lektor für verschiedene Verlage tätig. Zu seinen Publikationen gehören der Band ›Zen‹ und ›Lexikon des Zen‹, Gedichtübersetzungen aus dem Chinesischen sowie zahlreiche Übertragungen spiritueller Literatur aus dem Englischen und Französischen. Er lebt heute als freier Autor, Übersetzer und Lektor in der »Klause der Weißen Wolken« in Südfrankreich. Bei dtv sind von ihm erschienen: ›Chinesische Weisheiten‹ (dtv 34124) und ›Klosterweisheiten‹ (dtv 34219).

Indische Weisheiten

Herausgegeben von
Stephan Schuhmacher

Deutscher Taschenbuch Verlag

Von Stephan Schuhmacher sind im
Deutschen Taschenbuch Verlag erschienen:

›Chinesische Weisheiten‹ (34124)
›Klosterweisheiten‹ (34219)

Originalausgabe
September 2006

www.dtv.de

Umschlagkonzept: Balk & Brumshagen
Umschlaggestaltung: Claudia Danners unter Verwendung
des Bildmotivs ›Brahma – The God of Creation‹
Satz: Greiner & Reichel, Köln
Gesetzt aus der Trajanus 9,75/12˙
Druck und Bindung: Druckerei C. H. Beck, Nördlingen
Gedruckt auf säurefreiem, chlorfrei gebleichtem Papier
Printed in Germany
ISBN-10: 3-423-34340-0
ISBN-13: 978-3-423-34340-4

inhalt

indische weisheit, eine autobiografie gottes

Im Laufe einer etwa 3000 Jahre bis zur Entstehung der frühesten Vedas zurückreichenden Literaturgeschichte ist auf dem indischen Subkontinent eine solche Fülle von philosophisch-religiösen Weisheitslehren entstanden wie wohl in keiner anderen Region dieser Welt. Indien war nicht nur der Mutterboden von zwei der fünf großen Weltreligionen, nämlich dem Hinduismus und dem Buddhismus, sondern auch von mehreren kleineren Glaubensrichtungen wie dem Jainismus und dem Sikhismus sowie einer verwirrenden Vielzahl unterschiedlichster philosophischer und weltanschaulicher Schulen. Zu diesen in Indien selbst entstandenen Lehren kam seit der Etablierung des Mogulreiches in Indien während des 16. Jahrhunderts noch der Islam hinzu, dessen als Sufismus bezeichnete mystische Ausrichtung eine Reihe großartiger indischer Weisheitslehrer wie etwa Kabir, Sai Baba von Shirdi oder Meher Baba hervorgebracht hat, die bezeichnenderweise von ihren Anschauungen her »zwischen« Islam und Hinduismus anzusiedeln sind. Sie betrachteten sich selbst als keiner einzelnen Schulrichtung zugehörig, werden aber von eifrigen Hindus beziehungsweise Muslimen jeweils ihrem eigenen Lager zugerechnet.

Der von abendländischen Orientalisten zur Benennung der in Indien entstandenen Lehren geschaffene Einheitsbegriff »Hinduismus« hat bei vielen Menschen des Abendlandes fälschlicherweise den Eindruck erweckt, der Hinduismus sei eine einheitliche Weltanschauung. Darüber hinaus verschleierte dieser Begriff die Tatsache, dass der Hinduismus sehr viele unterschiedliche und zum Teil miteinander unvereinbare Schulen des Denkens hervorgebracht hat. Deren Ideenspektrum reicht vom krassen Materialismus, für den die Materie allein die letzte Wirklichkeit darstellt und der

Geist oder das Bewusstsein (wie für die moderne westliche Naturwissenschaft) nur eine Begleiterscheinung materieller Prozesse ist, über dualistische Schulen, für die die letzte Wirklichkeit sowohl aus Materie als auch aus Geist besteht, bis hin zum puren Idealismus des Advaita Vedanta, für den der transzendente Geist allein die letzte Wirklichkeit ist und die Materie bloß ein (letztlich illusionäres) Produkt des Geistes darstellt.

Diese Schulen des Denkens haben, in westlichen Kategorien gedacht, zumeist *sowohl* philosophischen *als auch* religiösen Charakter, da Philosophie und Religion in Indien nie so streng voneinander getrennt wurden wie im neuzeitlichen abendländischen Denken. Das philosophisch-wissenschaftliche Denken und die mystisch-religiöse Intuition in Indien waren von jeher miteinander verbunden, da es beiden um die Erkenntnis der Natur oder des Wesens der Wirklichkeit ging. Dabei gilt die »subjektive« Erforschung des eigenen (Bewusst-)Seins mit meditativen Methoden ebenso als eine Wissenschaft – mit präzisen Injunktionen (Handlungsanweisungen), Experimenten (der meditativen Praxis) und Beobachtungen und Ergebnissen (den in der Meditation und Erleuchtung gewonnenen Einsichten), die von einer Gemeinschaft anderer Wissenschaftler, die dieselben Experimente durchgeführt haben, verifiziert werden können – wie die nach westlichem Verständnis vermeintlich »objektive« Naturwissenschaft (die doch immer das Produkt des Denkens von Subjekten bleibt). Während das philosophisch-wissenschaftliche Denken im Abendland seit Aristoteles zunehmend die Oberhand gewonnen und die religiöse Erfahrung immer mehr marginalisiert hat, steht für die meisten indischen Denker und Weisen außer Frage, dass die Intuition dem bloßen Denken als Mittel der Erkenntnis weit überlegen ist.

Hier kommt die in der gesamten indischen Weisheitsliteratur getroffene Unterscheidung von »Wissen« und »Weisheit« zum Tragen, die Sri Aurobindo, ein indischer Weiser der Moderne, der in England studiert hat und mit dem westlichen Denken vertraut ist, folgendermaßen formuliert: »Es gibt zwei miteinander verbündete Kräfte im Menschen, das Wissen und die Weisheit. Wissen ist gerade so viel von der Wahrheit, wie der Intellekt durch sein Herumtasten in einem verzerrten Medium zu sehen vermag. Weisheit ist das, was das Auge der göttlichen Schau im Geist sieht.« Das Wissen ist demnach ein Produkt intellektueller Spekulation. Es besteht aus dem, was der menschliche Intellekt oder das Gemüt, ein winziger Teil der allumfassenden Wirklichkeit, auf der Grundlage seiner durch zahlreiche Faktoren eingeengten Wahrnehmung einer letztlich trügerischen Erscheinungswelt an Gedanken absondert. Dazu noch einmal Aurobindo: »Was die Menschen Wissen nennen, ist die rationalisierte Annahme trügerischer Erscheinungen. Weisheit schaut hinter den Schleier und *sieht*.«

Während der Glaube an das bloße intellektuelle Wissen dem Menschen – nicht nur nach indischem Verständnis, sondern nach der Erfahrung der Weisen aller Zeiten und Kulturen – geradezu die Sicht auf die Natur der Wirklichkeit verstellt, gewinnt die Intuition, das Auge der »göttlichen Schau«, unmittelbare und nicht durch das Denken vermittelte und gefilterte Einsicht in die nichtdualistische wahre Wirklichkeit. Es ist dies allerdings eine Einsicht, die mit den Mitteln des Intellekts, mit dem Denken und der Sprache nur äußerst unvollkommen und auf verzerrte (dualistische) Weise zum Ausdruck gebracht werden kann. So kann denn auch alle Weisheitsliteratur auf das, was für das Denken immer unfassbar bleibt, weil es die Enge des Intellekts bei weitem transzendiert, nur hindeuten. Darum müssen wir auch der Versuchung widerstehen, diese Worte mit dem Verstand zu objektivieren, unser Verständnis von ihnen für ein Wissen um ihren tiefen Sinn zu halten und damit auf einem bloß an »trügerischen Erscheinungen« orientierten Standpunkt stehen zu bleiben. Alle »Worte der Weisheit« sind nicht die Weisheit selbst, so wenig wie der Finger, der auf den Mond (der Weisheit) hindeutet, der Mond selbst ist. Wer die Erfahrung, von der hier die Rede ist, selber gemacht hat (und *nur* derjenige, der sie selber gemacht hat), wird – dem Fingerzeig mit dem Auge der Intuition folgend – die alle Worte überschreitende Wahrheit unmittelbar begreifen. So warnt denn auch die *Isha-Upanishad*: »Wer es zufrieden ist, unwissend zu sein, lebt in blinder

Finsternis. Aber in noch tiefere Finsternis gelangt, wer seinem Wissen huldigt.«

Diesem Verständnis von Weisheit folgend, wurden in diesem Band Weisheiten aus dem Bereich der mystischen Traditionen Indiens versammelt, während die rein intellektuelle philosophische Spekulation unberücksichtigt blieb, genauso wie die frühe vedische Literatur, die sich hauptsächlich mit der korrekten Ausführung von Opfern und anderen Ritualen beschäftigt. Es wurden dabei solche Texte bevorzugt, die für moderne westliche Leser von besonderem Interesse sind, da sie ihnen Fingerzeige für ihr eigenes Forschen nach der Natur der Wirklichkeit geben können. Zwei Weise der Moderne wurden dabei besonders ausgiebig zitiert. Zum einen Mahatma Gandhi, der durch sein Wirken, auf eine in aller Welt auch von nichtspirituellen Menschen anerkannte Weise, demonstriert hat, dass Spiritualität keine »Weltflucht« sein muss, dass sie Menschen vielmehr die Kraft geben kann, nicht nur ihre persönlichen existenziellen Krisen zu bewältigen, sondern auch die Welt zum Besseren zu verändern, und zum anderen Meher Baba. Dieser zeitgenössische Weise, der von seinen Anhängern als Avatar – also eine Christus, Buddha oder Krishna vergleichbare Inkarnation des Göttlichen – verehrt wird, sagte von sich, er stehe außerhalb jeder einzelnen Schulrichtung und wolle keine neue Religion lehren, sondern zur Verwirklichung der vorhandenen Religionen im Alltag anleiten. Sein Werk stellt so etwas wie eine Synthese der vielfältigen Weisheitslehren Indiens dar und eignet sich daher besonders, dem heutigen westlichen Leser die wesentlichen Aussagen der unterschiedlichen religiösen Traditionen der Inder nahe zu bringen.

Indien wird manchmal das »Land der tausend Götter« genannt, und da sich mit fast jeder dieser Gottheiten ein besonderer Kult verbindet und oft eine eigene religiöse Sekte, in der diese Gottheit im Mittelpunkt der Verehrung steht, könnte man Indien ebenso das »Land der tausend Religionen« nennen. Doch in dieser farbenprächtigen Vielfalt findet sich bei genauerem Hinsehen eine weitgehende Übereinstimmung, was die essenziellen Grundaussagen angeht. Praktisch alle einzelnen Schulrichtungen sind sich darin einig, dass der von ihnen verehrte Gott oder die verehrte Göttin nur eine Manifestation des Brahman ist, jener *einen* absoluten Wirklichkeit, die der Schöpfung des gesamten Kosmos einschließlich der Götterwelt zugrunde liegt. Dieses Brahman, das Meher Baba den »Jenseits-des-Jenseits-Zustand Gottes« nennt, ist vollkommen eigenschaftslos – nicht nur jenseits allen Seins, sondern auch jenseits von »Nichtsein«, denn auch dieses wäre eine Qualifikation, die nur im Kontrast zu einem »Sein« Bestand hat –, und so kann man über das Brahman im Grunde keinerlei Aussage machen. In diesem Brahman ist die gesamte Schöpfung latent enthalten, und in diesem Unfassbaren entsteht (man ist geneigt zu sagen »irgendwann«, aber hier gibt es auch noch keine Zeit) spontan der Drang des Absoluten, sich selbst als das zu erkennen, was es ist.

Doch damit das Absolute »sich erkennen« kann, bedarf es eines erkennenden Subjekts, und so führt dieser »erste Gedanke« des eigenschaftslosen Gottes zu einer Art Urknall, in dem das Brahman sich in seiner »aktiven« Form als der Atman, das »Selbst«, die Weltseele oder der *eine* Gott mit den Eigenschaften des Schöpfers, Bewahrers und Zerstörers, manifestiert. Aus einer Art »Singularität«, einem dimensionslosen Punkt in der absoluten Unendlichkeit, beginnt sich die endliche »materielle« Welt in einem Prozess zu manifestieren, der – wie Meher Baba in seiner spirituellen Kosmologie unter dem Titel ›Der göttliche Plan der Schöpfung‹ in allen Einzelheiten darstellt – durchaus mit modernen wissenschaftlichen Vorstellungen der kosmischen Evolution aus einem Urknall vereinbar ist. Über gasförmige Vorformen der Materie entsteht Materie, über Mineralien, Pflanzen, Tiere schließlich der Mensch, der mit der vollen Evolution seines Bewusstseins schließlich die Voraussetzungen für ein Subjekt erfüllt, welches in der Lage wäre, den göttlichen Plan der Schöpfung zu erfüllen und seine Identität mit dem Atman zu erkennen – und damit wiederum das Brahman, da der Atman mit diesem identisch ist.

Dummerweise hat der Atman im Prozess der kosmischen Evolution jedoch begonnen, sich mit einzelnen Formen der materiellen

Welt bis hin zu einem menschlichen Körper zu identifizieren, wodurch die *eine* Seele (Atman) eine scheinbar individualisierte, von anderen Seelen getrennte Form angenommen hat, das »Ich«. Von der Maya, der Täuschung des Getrenntseins, verblendet, hat die mit dem Körper identifizierte Seele ihre göttliche Natur vergessen, hält die Welt der Erscheinungen für die einzige Wirklichkeit und durchschaut nicht die Tatsache, dass das »Ich« im Grunde nicht existiert, nur eine Illusion ist – ebenso wie das gesamte Universum eine Projektion aus dem Bewusstsein der Allseele, ein Traum, ein kosmisches Spiel (Lila) ist, das der Atman als Weltseele mit sich und für sich selbst spielt. Der Atman in seiner Identität mit dem Brahman ist nach indischer Vorstellung die einzige Wirklichkeit, das »Eine ohne ein Zweites«; der gesamte Kosmos, von den Sternen bis zum bunten Pantheon der Götter, ist nichts als Maya, »Täuschung«.

Diese aus dem Brahman ausstrahlende Täuschung verstellt der individualisierten Seele, dem Ich, jedoch die Sicht auf die letzte Wirklichkeit, und durch ihr Handeln (Karma) in dieser Welt der Erscheinungen sammelt die Einzelseele Eindrücke (Sanskaras) an, die sich nach dem in der Welt des Zeitlichen unausweichlichen Gesetz von Ursache und Wirkung auswirken müssen und die Seele zu immer neuen Wiedergeburten im endlosen und leidvollen Kreislauf der Wiedergeburten (Samsara) drängen. Die Einzelseele bleibt so lange in diesem Kreislauf gefangen, bis sie – der Welt und des Leidens an dieser überdrüssig und von einer letztlich unauslöschlichen Ahnung von ihrem göttlichen Ursprung und Wesen motiviert sowie womöglich durch die Begegnung mit einem vollkommenen Meister oder Guru inspiriert – eine innere Umkehr vollzieht und wieder in ihren göttlichen Urgrund zurückstrebt. Dann beginnt ein Prozess der Involution, in dessen Verlauf die Einzelseele sich nach und nach von ihrer Identifikation mit den grobstofflichen, feinstofflichen, emotionalen und mentalen Dimensionen der Erscheinungswelt löst, bis sie die Unwirklichkeit all dieser Dimensionen oder, wie es im Buddhismus heißen würde, ihr »Leersein von eigenständiger Wirklichkeit«, erkennt. Dann wird sie ihrer immer gegebenen Einheit mit dem Atman oder der letzten Wirklichkeit gewahr, geht wieder in dieser auf und findet damit Befreiung aus dem Kreislauf der Wiedergeburten. Auch wenn die verschiedenen Traditionen Indiens sich in Details der Interpretation dieses Prozesses unterscheiden, kann man die hier vereinfacht nachgezeichneten Grundzüge doch als eine Art gemeinsamen Nenner der verschiedenen Ausdrucksformen indischer Weisheitslehre betrachten.

Die einzelnen Etappen dieses Prozesses von Evolution und Involution, vom ersten Schöpfungsimpuls über die Entstehung des Universums, des Lebens, des Bewusstseins bis zur Rückkehr des von aller Illusion Befreiten in das Absolute, sind sozusagen die Etappen einer Biografie Gottes, die in unvorstellbaren Zeiträumen immer wieder aufs Neue geschrieben wird: Wie in einer Aufeinanderfolge von Ausatmen, Atempause und Einatmen des Brahman entstehen aus diesem heraus immer wieder neue Universen, die für eine Weile (ein Weltzeitalter oder Kalpa) Bestand haben und in einem gigantischen »Weltenbrand« (*Mahapralaya*) vernichtet und wieder in das eigenschaftslose »Jenseits des Jenseits« eingesogen werden.

Wenn die indischen Weisheitslehrer, die, wie alles Existierende, selbst ja nichts anderes sind als Manifestationen der absoluten Wirklichkeit, die Stadien dieses Prozesses beschreiben, schreiben sie damit im Grunde – ein jeder auf seine Weise und entsprechend seinem jeweiligen Verständnis der letzten Wirklichkeit – die einzelnen Kapitel einer Autobiografie Gottes. Dabei geht es ihnen vor allem um den Weg (Marga) der Rückkehr zum göttlichen Urgrund, die Befreiung aus dem Samsara, dem leidvollen Kreislauf der Wiedergeburten. Im Rahmen der spirituellen Traditionen Indiens sind seit Jahrtausenden »Yoga« genannte Praktiken der Rückbindung an das Göttliche entwickelt worden. Diese Wege lassen sich als Karma-Yoga, der Yoga des Handelns, Bhakti-Yoga, der Yoga der liebenden Hingabe, Jnana-Yoga, der Yoga der Erkenntnis, oder Raja-Yoga, der Yoga der Meditation, klassifizieren. Während sich der mithilfe solcher Methoden eingeschlagene Weg zur Befreiung (Moksha oder Mukti) nach indischer Vorstellung über die Etappen vieler Leben erstrecken kann und der Moment des körperlichen Todes als eine besonders günstige Gelegenheit zur Verwirklichung dieser Befreiung angesehen wird, ist das höchste Ziel doch Jivanmukti, die »Befreiung zu Lebzeiten«. Der Jivanmukta hat in diesem Leben – dem Motto »Stirb, bevor du stirbst!« folgend – sein illusionäres Ich, das ihn in der Welt der Maya gefangen hielt, sterben lassen und ist somit zu einem Befreiten (Mukta) oder Erwachten (Buddha) geworden.

Der Befreite vermag in der Welt zu leben, ohne von ihr und der Täuschung gebunden zu sein. Darüber hinaus kann er noch nicht aus der Maya erwachte Menschen als Meister oder Guru auf den Weg der Befreiung führen. In der indischen Kultur wird diese Befreiung und »Einswerdung« mit dem Göttlichen (die bewusste »Verwirklichung« der auch im Zustand der illusionären Trennung schon immer gegebenen Einheit) seit Jahrtausenden als das höchste Ziel und die letztlich einzig lohnende Aufgabe der verkörperten Seele angesehen. Mit ihrer Selbst-Erkenntnis, der Erkenntnis des Atman in seiner Identität mit dem Brahman, hat die Seele den vom ersten Gedanken Gottes initiierten göttlichen Plan der Schöpfung erfüllt: Gott hat sich als das erkannt, was ES ist, und ist aus dem selbst gewählten Exil, in dem er als scheinbar vereinzelte Seele im göttlichen Spiel der Schöpfung umherirrte, zu sich und in sich selbst zurückgekehrt.

Stephan Schumacher
in der Klause der Weißen Wolken

brahman – die letzte wirklichkeit

Damals war nicht das Nichtsein, noch das Sein,
Kein Luftraum war, kein Himmel drüber her. –
Wer hielt in Hut die Welt; wer schloss sie ein?
Wo war der tiefe Abgrund, wo das Meer?

Nicht Tod war damals, noch Unsterblichkeit,
Nicht war die Nacht, der Tag nicht offenbar. –
Es hauchte windlos in Ursprünglichkeit
Das Eine, außer dem kein andres war.

Von Dunkel war die ganze Welt bedeckt,
Ein Ozean ohne Licht, in Nacht verloren; –
Da ward, was in der Schale war versteckt,
Das Eine durch der Glutpein Kraft geboren.

Aus diesem ging hervor, zuerst entstanden
Als der Erkenntnis Samenkeim, die Liebe: –
Des Daseins Wurzelung im Nichtsein fanden
Die Weisen, forschend in des Herzens Triebe.

Als quer hindurch sie ihre Messschnur legten,
Was war da unterhalb? Und was war oben? –
Keimträger waren, Kräfte, die sich regten,
Selbstsetzung drunten, Angespanntheit droben.

Doch, wem ist auszuforschen es gelungen,
Wer hat, woher die Schöpfung stammt, vernommen?
Die Götter sind diesseits von ihr entsprungen!
Wer sagt es also, wo sie hergekommen? –

Er, der die Schöpfung hat hervorgebracht,
Der auf sie schaut im höchsten Himmelslicht,
Der sie gemacht hat oder nicht gemacht,
Der weiß es! Oder weiß auch er es nicht?

Rigveda

Um der Liebe willen ist das gesamte Universum ins Dasein getreten, und um der Liebe willen bleibt es erhalten. Gott steigt hernieder in den Bereich der Illusion, weil die scheinbare Zweiheit von Geliebtem und Liebendem letztlich dazu beiträgt, dass er sich seiner eigenen Göttlichkeit bewusst erfreuen kann. Die Entfaltung der Liebe bedarf der Spannung der Zweiheit und wird getragen von ihr. Gott muss die scheinbare Differenzierung in eine Vielheit von Seelen erleiden, um das Spiel der Liebe spielen zu können. Diese Vielen sind seine eigenen Formen, denen gegenüber er zugleich die Rolle des göttlichen Liebenden und jene des göttlichen Geliebten spielt. Als der göttliche Geliebte ist er der wirkliche und letzte Gegenstand ihres Sehnens. Als der göttliche Liebende ist er ihr wirklicher und letzter Erlöser, der sie zurückzieht in sich selbst. Obwohl mithin die gesamte Welt der Zweiheit nichts ist als Illusion, ist diese Illusion zu einem sinnvollen Zweck ins Dasein getreten.

Meher Baba

Es gibt eine Lebenskraft, die allem, was sich wandelt und stirbt, zugrunde liegt und sich nicht wandelt. Sie hält alles zusammen, löst auf und erschafft neu. Diese schöpferische Kraft, dieser ewige Geist, er allein, ist Gott.

Mahatma Gandhi

Die nach dem Brahman forschen, suchen Antwort auf folgende Fragen: Was ist die erste Ursache? Was ist das Brahman? Woher kommen wir? Was erhält uns am Leben? Was ist unsere Lebensgrundlage? Was bestimmt unser Glück und Unglück? Was bewirkt die verschiedenen Bewusstseinszustände?

Soll man sich vorstellen, dass die Zeit, die Natur, die Gesetzmäßigkeit, der Zufall, die Elemente oder das reine Bewusstsein den Ursprung bilden? Oder eine Verbindung von all diesen?

Nichts davon kommt als Ursache infrage, denn es gibt ja den Atman [das »Selbst«]*, der all diesen zugrunde liegt. Allerdings hat auch der Atman keine Gewalt über die Ursache von Glück und Unglück.

Die Mystiker, die Meditation und Yoga praktizieren, erschauten im Atman die Kraft Gottes, die normalerweise von ihren eigenen Eigenschaften verhüllt wird. Dieses eine Göttliche ist es, das all diesen genannten Ursachen, einschließlich Zeit und Atman, zugrunde liegt.

Shvetashvatara-Upanishad

Ich will dir beschreiben, was das zu Wissende ist, welches wissend, man das ewige Leben erwirbt. Es ist das höchste Brahman, welches anfanglos ist und weder als seiend noch als nichtseiend bezeichnet wird.

Alles umhüllend wohnt es in der Welt, mit Händen und Füßen überall, mit Augen, Köpfen und Gesichtern allerorts, mit Ohren allerorts.

Es scheint die Eigenschaften aller Sinne zu haben und ist doch ohne irgendeinen Sinn. Es hängt an nichts und trägt doch alles, ist frei von den Erscheinungsformen der Natur und genießt sie dennoch.

* Eckige Klammern kennzeichnen Anmerkungen des Herausgebers, runde Klammern entsprechen dem Original.

Es ist außerhalb und innerhalb aller Wesen. Es ist unbeweglich und doch beweglich. Es ist zu fein, um erkannt zu werden. Es ist ferne und dennoch nahe.

Es ist ungeteilt (unteilbar) und scheint doch unter die Wesen aufgeteilt zu sein. Man erkennt es als das, was die Geschöpfe erhält, vernichtet und neu erschafft.

Es ist das Licht der Lichter. Es wird jenseits der Finsternis weilend genannt. Das Wissen, das Objekt des Wissens und das Ziel des Wissens: Es ruht in den Herzen aller.

Bhagavad-Gita

[Shiva sprach zu Parvati:] Aus Liebe zu dir will ich von der Quintessenz der Quintessenzen sprechen. Der Herr des Alls ist nur einer, er hat wahres Sein, er ist der Wahre, der Zweitlose, Allerhöchste, durch sich selbst leuchtende, immer Volle, gekennzeichnet durch Sein, Denken und Wonne [*Sat-Chit-Ananda*, auch: Sein, Bewusstsein, Glückseligkeit]. Die ganze Welt hängt von ihm ab mit allem, was sich in ihr bewegt und nicht bewegt. Auf ihm beruhend, hat die Welt ihre unzweifelhafte Realität. Aus ihm als Ursache, o große Herrin, sind auch wir alle [die Götter] geboren. Wenn er die Welt schafft, wird er Brahmâ, wenn er sie erhält, Vishnu genannt, und ich (Shiva) bin nach seinem Wunsch der Zerstörer der Welt. Alle Götter und Göttinnen sind nur Erscheinungsformen von ihm. Von Brahmâ bis zu den Pflanzen besteht die ganze Lebewelt nur aus ihm. So wie alle Ströme notwendigerweise in den Ozean münden, so sind alle Andachtshandlungen letzten Endes für ihn bestimmt.

Mahanirvana-Tantra

Wie Wasser zu Eis wird, wenn es gefriert, so ist die sichtbare Gestalt des Allmächtigen die verkörperte Manifestation des alldurchdringenden, formlosen Brahman. Sie ist gleichsam verdichtetes Sat-

Chit-Ananda (Sein, Bewusstsein, Glückseligkeit). Und wie das Eis dem Wesen nach Wasser ist, im Wasser verbleibt und wieder zu Wasser zerschmilzt, so ist der persönliche Gott ein Teil und Bestandteil des unpersönlichen Gottes, in dem er bleibt und schließlich untertaucht und verschwindet.
Ramakrishna

In dieser Welt, dem großen Rad des Brahman, das allen Lebewesen Geburt und Tod bringt, wird der Mensch herumgewirbelt. Das liegt daran, dass er glaubt, sein Atman sei verschieden von dem, was dieses Rad antreibt. Allein durch die Gnade des Atman kann man Unsterblichkeit erlangen.
Shvetashvatara-Upanishad

Der gesamte Kosmos, mit allem, was darin existiert, ist von Göttlichkeit durchdrungen. Erkenne dies und entsage dem Vergänglichen. Das führt zu wahrer Freiheit und vollkommener Freude. Strebe nicht nach dem Reichtum eines anderen.
Isha-Upanishad

Er ist nicht Hari, er ist nicht Shiva, der Herr,
Er ist die letzte Ursache, im Jenseits des Jenseits,
Das Schwarze, das Weiße und das Rote transzendierend.
Unbewegt.
Versuche nicht zu verstehen: Er ist nicht groß, er ist nicht klein,
Er ist unendliche Ferne.
Unbewegt, transzendiert er selbst die höchste Stille.
Shivavakiyar

Wenn ich mich also ganz in dich verliere, mein Gott,
Dann sehe ich und weiß,
Dass dieses ganze Universum deine Schönheit offenbart
Und alle Lebewesen, alle unbelebten Dinge
Durch dich ins Dasein treten.

Diese gesamte große weite Welt ist nur die Form,
In der du dich uns zeigst, ist nur die Stimme,
In der du von dir zu uns sprichst.

Wozu noch weitere Worte? Komm, o Meister, komm,
Und fülle mich ganz aus mit dir!

Tukaram

In Liedern wird dieses höchste Brahman gepriesen, in dem die drei [Mensch, Welt und Gott; oder auch: Schöpfung, Erhaltung und Zerstörung] fest gegründet und unvergänglich bestehen bleiben. Wer sein eigenes Inneres als dieses Brahman erkennt, der löst sich in Brahman auf und wird nicht mehr wieder geboren.

Auf dem Herrn ruht der gesamte Kosmos, das Vergängliche und das Unvergängliche, das Manifeste und das nicht Manifeste. Wenn der Atman nicht herrscht, sammelt der Mensch weiterhin Erfahrungen und bleibt auf diese Weise gebunden. Hat er aber das Göttliche erkannt, ist er von allen Bindungen befreit.

Shvetashvatara-Upanishad

Weiter als die Sinne reichen die Gedanken, und die Wirklichkeit übersteigt unser Denken. Der große Atman ist umfassender als die Wirklichkeit, und umfassender als dieses Große ist das Höchste, das sich auf gar keine Art manifestiert.

Katha-Upanishad

Was man mit Worten nicht beschreiben kann, was aber unser Sprechen bewirkt, erkenne das als das Brahman. Es ist nicht das, was die Menschen in der Welt als Brahman verehren.

Was nicht mit den Gedanken denkt, was aber unser Denken bewirkt, erkenne das als das Brahman. Es ist nicht das, was die Menschen in der Welt als Brahman verehren.

Was nicht mit den Augen sieht, aber unser Sehen bewirkt, erkenne das als das Brahman. Es ist nicht das, was die Menschen in der Welt als Brahman verehren.

Was nicht mit den Ohren hört, aber unser Hören bewirkt, erkenne das als das Brahman. Es ist nicht das, was die Menschen in der Welt als Brahman verehren.

Was nicht mit dem Atem atmet, aber unser Atmen bewirkt, erkenne das als das Brahman. Es ist nicht das, was die Menschen in der Welt als Brahman verehren.

Kena-Upanishad

atman – das selbst

Alles dies ist tatsächlich das Brahman, und in ihm entsteht, besteht und vergeht alles. Diesem Brahman soll man sich ehrfurchtsvoll in meditativer Stille nähern.

Der Mensch nun besteht aus Willenskraft. Nach seinem Tode wird er zu dem, was seinem Wollen hier auf Erden entspricht. Also soll man seine Willenskraft schulen.

Der Atman besteht aus Geist, sein Körper ist die Lebensenergie und er hat eine Gestalt aus Licht. Sein Wille ist die Wahrheit und sein inneres Selbst ist der reine Raum, der Äther. Jede Handlung, jeder Wunsch, jeder Geruch und jeder Geschmack ist er, alles dies umfasst er, der immer Schweigende, dem alles gleich ist.

Dieser ist mein Atman im inneren Herzen, kleiner als ein Reiskorn, ein Gerstenkorn, ein Senfkorn, ein Hirsekorn oder der Kern eines Hirsekorns.

Dieser ist mein Atman im inneren Herzen, größer als die Erde, größer als der Luftraum, größer als der Himmelsraum, größer als alle diese Welten.

Jede Handlung, jeder Wunsch, jeder Geruch und jeder Geschmack ist er, alles dies umfasst er, der immer Schweigende, dem alles gleich ist. Er ist mein Atman im inneren Herzen. Er ist das Brahman. Wenn ich im Tode von hier fortgehe, dann werde ich damit eins werden. Wer diese Überzeugung hat, der zweifelt nicht mehr.

Chandogya-Upanishad

Am Anfang war diese Welt nur ein einziger Atman. Nichts anderes gab es. Er erwog: »Ich will Welten schaffen.«
Aitareya-Upanishad

In Wahrheit existiert nichts als das Selbst. Wie Perlmutt als Silber erscheint, erscheint das Selbst als Welt, individuelle Seele und Gott. Diese drei treten zugleich in Erscheinung und versinken zugleich. Das Selbst ist dort, wo keinerlei »Ich-Gedanke« ist. Das nennt man Stille. Das Selbst selbst ist Welt, »Ich« und Gott in einem. Alles ist Shiva, das Selbst.
Ramana Maharshi

Bring mir eine Frucht des Nyagrodha-Baumes!«
»Hier ist sie, Ehrwürdiger!«
»Spalte sie!«
»Ja, Ehrwürdiger. – Jetzt ist sie gespalten.«
»Was siehst du darin?«
»Ganz kleine Kerne, Ehrwürdiger.«
»Spalte einen von ihnen!«
»Ja, Ehrwürdiger. – Er ist gespalten.«
»Was siehst du darin?«
»Gar nichts, Ehrwürdiger.«
Da sprach er: »Das äußerst Subtile, das du nicht wahrnehmen kannst, mein Sohn, daraus ist dieser große Nyagrodha-Baum gewachsen. Das musst du glauben, mein Lieber.
Aus diesem äußerst Subtilen besteht die ganze Welt. Das ist die wahre Wirklichkeit. Das ist der Atman. Das bist du.«
Chandogya-Upanishad

Ich habe etwas so Seltenes gefunden,
Etwas so Wundervolles,
Dass niemand seinen Wert
Ermessen kann.
Es ist farblos und Eins;
Es ist ewig und unteilbar;
Die Wogen des Wandels überspülen es niemals;
Es erfüllt jedes Gefäß.
Es hat kein Gewicht; es hat keinen Preis;
Niemand kann es je bemessen;
Niemand kann es zählen,
Es ist nicht zu erkennen
Durch Rede oder Erörterung.
Es ist nicht schwer und ist nicht leicht.
Es gibt keinen Prüfstein in einer der Welten,
Der seinen Wert offenbaren könnte.
Ich lebe in ihm, es lebt in mir,
Und wir sind eins, wie Wasser
Vermischt mit Wasser.
Wer es kennt,
Der kann niemals sterben –
Wer es nicht kennt,
Der stirbt immer wieder.

Kabir

Aus dem schwarzen Raum des Herzens trete ich heraus in die vielfältige, bunte Welt, und aus dieser Vielfalt kehre ich zurück in den schwarzen Raum, in dem keine Vielfalt existiert. Wie ein Pferd seine losen Haare abschüttelt, so schüttele ich alles Schlechte ab. Wie der Mond sich nach einer Finsternis aus dem Rachen des ihn verschlingenden Dämons Rahu befreit, so befreie ich mich von meinem Körper und gehe als vollendeter Atman in die Welt des Brahman.

Chandogya-Upanishad

Der Atman ist einzig, bewegungslos und doch schneller als die Gedanken. Selbst Götter können ihn nicht einholen, da er ihnen stets zuvorkommt. Er steht still und überholt zugleich alles, was sich bewegt. In seinem Inneren belebt er das Göttliche.

Er bewegt sich und bewegt sich nicht. Er ist uns fern und doch sehr nah. Er befindet sich innerhalb und außerhalb von allem.

Wer in seinem eigenen Atman alle Lebewesen erkennt und in jedem Lebewesen seinen eigenen Atman, dem bleibt die Wahrheit nicht verborgen.

Wer alle Lebewesen in diesem einen Atman erkannt hat, für den gibt es weder Verwirrung noch Kummer.

Der Atman ist überall gegenwärtig: körperlos, ohne Sehnen, strahlend hell, unverwundbar, makellos und rein. Er ist das Weise, das alles umfasst, aus sich selbst heraus entstanden, das jedem Sein auf ewig die ihm eigene Bestimmung zugewiesen hat.

Isha-Upanishad

Der Atman ist unten und oben, im Westen, Osten, Süden und Norden – er umfasst die ganze Welt.

Wer das so sieht, so darüber denkt und das so erkannt hat, der erfreut sich am Atman, spielt mit ihm, vereinigt sich mit ihm und erlebt die Ekstase des Atman. Er ist sein eigener Herr und kann in allen Welten nach Belieben schalten und walten.

Wer das aber nicht so erkannt hat, der wird in vergänglichen Welten von anderen beherrscht und lebt dort in Unfreiheit.

Chandogya-Upanishad

Der Fluss und seine Wellen sind ein Wogen –
Wo ist der Unterschied zwischen dem Fluss und seinen Wellen?
Wenn die Welle sich erhebt, ist sie doch Wasser,
Und wenn sie wieder zurücksinkt, ist sie dasselbe Wasser.

Sagt mir, ihr Leute, wo ist der Unterschied?
Weil wir von der Welle sprechen, sollten wir sie da
Nicht mehr für Wasser halten?
Im Höchsten Brahman werden die Welten aufgesagt
So wie die Perlen einer einzigen Gebetskette.
Betrachtet diese Kette also mit den Augen der Weisheit.

Kabir

gott und die welt

Gott ist die Güte. Denn inmitten des Todes besteht das Leben doch weiter, inmitten der Lüge die Wahrheit, inmitten der Dunkelheit das Licht. Also ist Gott das Leben, die Wahrheit und das Licht. Er ist Liebe. Er ist das höchste Gute.

Mahatma Gandhi

Wer den schwer zu Erschauenden, Geheimnisvollen, tief in der Höhle des Herzens Verborgenen, den Uralten durch spirituelle Übungen gefunden und als Gott erfahren hat, ist weise und lebt jenseits von Freude und Leid.

Wenn ein Sterblicher das gehört hat und vollständig begriffen hat, wenn er sich nicht mehr nur an Geboten und Verboten orientiert und dieses Subtile erkannt hat, dann macht ihm das Leben große Freude, und diese Freude ist in seinem Inneren begründet.

Katha-Upanishad

Was ist Gott?«, fragte ein Schüler.

»Gott ist ewige Glückseligkeit«, erwiderte der Meister. »Sein Wesen ist Liebe, Weisheit und Freude. Er ist sowohl unpersönlich als auch persönlich und offenbart sich so, wie es ihm beliebt. Vor seinen Heiligen erscheint er in der Gestalt, die ihnen am teuersten ist; der Christ sieht Christus, der Hindu Krishna oder die Göttliche Mutter und so weiter. Wer in Gott etwas Überpersönliches verehrt, nimmt ihn als unendliches Licht oder als den wundersamen OM-

Laut, das Urwort, den Heiligen Geist wahr. Die höchste Erfahrung, die dem Menschen zuteil wird, besteht in jener Seligkeit, die alle anderen Ausdrucksformen Gottes – Liebe, Weisheit, Unsterblichkeit – voll und ganz einschließt.

Aber wie kann ich dir Gottes Natur in Worten erklären? Er ist unaussprechlich, unbeschreiblich. Nur in tiefer Meditation kannst du sein einzigartiges Wesen erfassen.«

Paramahansa Yogananda

Spürte ich nicht die Gegenwart Gottes in mir, dann würden das ganze Elend, das ich sehe, und alle Enttäuschungen, die ich täglich erfahre, mich verrückt machen – so weit, dass ich mich in den Fluss stürzen könnte. Nur die Gewissheit dieser Gegenwart dürfte mir erlaubt haben, im Wesentlichen meine Geistesruhe zu bewahren.

Mahatma Gandhi

Wie könnte ich jemals das Geheimnis aussprechen?
Wollte ich sagen, dass Er in mir ist,
Würde das ganze Universum den Kopf senken vor Scham.
Wollte ich behaupten, Er sei außerhalb von mir,
Wüsste ich, dass ich lüge:
Er macht die innere und äußere Welt zu einer:
Bewusst und unbewusst sind beide seine Schemel.
Er ist weder manifestiert noch verborgen;
Er ist weder offenbart noch nichtoffenbart.
Es gibt keine Worte, die beschreiben könnten, was Er ist.

Kabir

Wer ist es, der da liebt und der da leidet?
Er allein, der mit sich selbst ein Stück aufführt.
Der Einzelne leidet, da er dualistisch wahrnimmt.
Finde das Eine überall und in allem,
Und es ist vorbei mit Pein und Leid.

Anandamayi Ma

Ist nicht alles das Werk Gottes?

Ohne Wunsch, ohne Plan und ohne Absicht geht die Sonne auf; ihre bloße Gegenwart lässt Feuer im Brennglas entstehen, den Lotus blühen, Wasser verdampfen und Menschen ihr Tagewerk verrichten. Die bloße Gegenwart des Magneten genügt, um die Nadel in Bewegung zu bringen, und die bloße Gegenwart der Kraft Gottes bewirkt, dass die Seelen entsprechend ihrem jeweiligen Karma tätig sind oder ruhen, gelenkt durch die drei kosmischen Prinzipien oder die fünf Formen göttlichen Wirkens. Gott verfolgt keinerlei Absicht, kein Karma bindet ihn, ebenso wenig wie die Aktivitäten der Welt die Sonne tangieren und das Spiel der vier anderen Elemente den sie umfassenden Raum – das fünfte Element – berührt.

Ramana Maharshi

Meine Seele schreit auf, gefangen in der Schlinge
Der Schönheit des Formlosen.
Und während ich so einsam Tag und Nacht mein Klagelied anstimme,
Steht nichts als Schönheit mir vor Augen
In Überfülle, die unzählige Monde und Sonnen übertrifft.
Und ich sehe ihn über die Sterne gehen, der er mein Herz versengt.

Fikirchand

Du bist wie Milch in Wasser,
Ich wüsste nicht zu sagen, was zuerst kommt, was zuletzt,
Wer der Meister ist und wer der Sklave, was groß ist und was klein.
O Herr, weiß wie Jasmin, sollte je eine Ameise
Dich lieben und Dich preisen, würden ihr nicht
Dämonische Kräfte zuwachsen?

Mahadeviyakka

Gott ist unendlich. Er ist jenseits der Gegensätze von Gut und Schlecht, Richtig und Falsch, Tugend und Laster, Geburt und Tod, Freude und Leid. Solche dualen Aspekte sind Gott nicht eigen. Wenn ihr Gott als gesonderte Wesenheit betrachtet, wird er zu einer Kategorie des relativen Seins. Geradeso wie Gut das Gegenstück ist zu Schlecht, wird Gott das Gegenstück zu Nichtgott, und damit macht ihr das Unendliche zum Gegensatz des Endlichen. Wenn ihr von Unendlichem und Endlichem redet, behandelt ihr sie als zweierlei, und so wird das Unendliche zum einen Teil einer Zweiheit. Doch das Unendliche hat seinen Platz in der nichtdualen Seinsordnung. Wird das Unendliche als Gegensatz des Endlichen aufgefasst, ist es streng genommen nicht mehr unendlich, sondern eine Gattung des Endlichen, denn dann steht es außerhalb des Endlichen als dessen Widerpart und ist mithin begrenzt. Da aber das Unendliche nicht der andere Teil des Endlichen sein kann, ist die scheinbare Existenz des Endlichen unwahr.

Das Unendliche allein ist. Gott lässt sich nicht herabbringen in den Bereich der Zweiheit. In Wirklichkeit gibt es nur ein einziges Sein – die Allseele. Die Existenz des Endlichen oder Begrenzten ist bloßer Schein, Vorstellung.

Meher Baba

Richtet euren Sinn nur auf eines, entweder auf den persönlichen Gott oder auf den unpersönlichen Gott. Nur wenn ihr beständig seid, könnt ihr Gottes innewerden, sonst nicht. Ist der Verehrer des persönlichen Gottes beständig, so wird er Gottes ebenso gut innewerden wie der des unpersönlichen Gottes. Ob ihr ein süßes Brot der Länge nach schneidet oder der Breite nach, es wird immer süß schmecken. Doch ihr müsst beständig sein, ihr müsst ihn voller Ernst anrufen. Was ihr einmal begriffen habt, daran haltet fest. Taucht tief hinab. Wenn ihr nicht hinabtaucht, werdet ihr keine Schätze auf dem Meeresgrunde finden. Ihr könnt sie nicht erlangen, wenn ihr nur einfach an der Oberfläche des Wassers herumschwimmt.

Ramakrishna

Da ich nicht länger lügen mochte,
Begann ich, meinen Hund »Gott« zu rufen.
Anfangs schaute er verwirrt,
Doch fing dann an zu lächeln,
Zu tanzen gar.
So machte ich denn weiter,
Und heute beißt er nicht mal mehr.

Ich frage mich, ob dies
Nicht auch bei Menschen funktionieren könnte?

Tukaram

Jene Hingebungsvollen, die dich [den persönlichen Gott] in anhaltendem Ernst verehren, und jene auch, die das Unvergängliche und Unoffenbare verehren, welche von diesen beiden haben das größere Wissen vom Yoga?

Der Erhabene sagte: Jene, die mich mit auf mich gerichtetem

Geiste, in anhaltendem Ernst und im Besitze des höchsten Glaubens verehren, diese betrachte ich als am meisten im Yoga vollkommen.

Aber jene, die das Unvergängliche, das Undefinierbare, das Unoffenbare, das Allgegenwärtige, das Undenkbare, das Unveränderliche und das Unbewegliche, das Beständige, verehren, indem sie alle Sinne bezähmen, in allen Lagen gleichmütig sind, sich an der Wohlfahrt aller Geschöpfe erfreuen, diese gelangen genauso wie die anderen gewisslich zu mir.

Die Beschwerden jener, deren Gedanken sich auf das Nichtoffenbare richten, sind größer; denn schwerer erreichbar ist das Ziel des Nichtoffenbaren für Verkörperte.

Bhagavad-Gita

Gott erscheint denen als Person, die Seiner persönlichen Gegenwart bedürfen. Er gibt sich einen Körper für diejenigen, die ein Bedürfnis nach seiner Berührung haben. Gleichzeitig ist er die allerreinste Essenz. Für diejenigen, die den Glauben besitzen, ist er einfach. Für alle Menschen ist er alles Mögliche.

Mahatma Gandhi

Gott ist ohne Gestalt und mit Gestalt zugleich. Er ist auch das, was beides, Gestalt und Gestaltlosigkeit, transzendiert. Er allein weiß, was alles er ist.

Der absolute Gott und der persönliche Gott sind ein und dasselbe. Der Glaube an den einen schließt den Glauben an den anderen in sich. So ist Feuer getrennt von seiner Brennkraft undenkbar, wie Brennkraft undenkbar ohne Feuer ist. Auch kann man sich die Sonnenstrahlen nicht ohne die Sonne denken, noch die Sonne ohne ihre Strahlen. Die Weiße der Milch könnt ihr euch nicht gesondert von der Milch vorstellen, noch die Milch gesondert von

ihrer milchigen Weiße. Genauso ist der Gedanke an Gott, den Absoluten, untrennbar von dem Gedanken an den persönlichen Gott mit Eigenschaften, und umgekehrt.
Ramakrishna

Man kann sagen, Gott ist Liebe. Vertieft man jedoch die Suche in sich selbst, dann gelangt man zu dem Gedanken, dass Gott vor allem Wahrheit ist. Das ist die vollständigste Beschreibung, die es meines Erachtens in der Sprache der Menschen von ihm gibt. Schließlich bin ich sogar geneigt, die Begriffe umzukehren: Es ist die Wahrheit, die Gott ist – eine Formulierung, die auf die Leugnung Gottes durch die Atheisten, diese leidenschaftlichen Anhänger der Wahrheit, antwortet.
Mahatma Gandhi

Maya – die Welt als Traum und Illusion

Ein Bettler wird zum König im Traum,
Ein Armer wird zum Herrn im Himmelsraum;
Nichts blieb den zweien, als sie vom Traum erwachten:
So, Menschen, sollt ihr auch die Welt betrachten.
Tulsidas

O Freunde, rühmt euch nicht
Eures Reichtums, eurer Freunde, eurer Jugend.
Dies alles wird zerstört in einem Augenblick.
Suchet Befreiung von der Welt der Maya
Und verwirklicht die zeitlose Wahrheit!
Shankaracharya

Wenn das Sonnenlicht durch ein Prisma fällt, wird es durch Brechung in einzelne Strahlen zerteilt. Hätte jeder dieser Strahlen Bewusstsein, so würde er sich als von den anderen Strahlen getrennt betrachten und damit gänzlich vergessen, dass er an der Quelle jenseits des Prismas keine gesonderte Existenz hat. In analoger Weise »fällt« das eine Sein in den Bereich der Maya und nimmt eine Vielheit an, die es in Wahrheit gar nicht gibt. Die Getrenntheit der Individuen existiert nicht in Wirklichkeit, sondern nur in der Vorstellung. Die eine Allseele stellt sich Getrenntheit in sich selbst vor, und aus dieser Trennung erwächst der Gedanke von »ich« und »mein« im Gegensatz zu »du« und »dein«. Obwohl die Seele in

Wirklichkeit unteilbar und absolut eins ist, lässt die Tätigkeit ihrer eigenen Vorstellung sie als in viele aufgeteilt erscheinen. Doch Vorstellung ist nicht Wirklichkeit. Selbst die erhabensten Vorstellungen sind eine Abkehr von der Wahrheit. Sie sind alles andere als die Wahrheit. Die Erfahrungen, die die Seele vom Standpunkt des individualisierten Ich sammelt, sind nichts als Vorstellung. Sie sind ein Missverständnis der Seele. Aus der Vorstellung der Allseele werden viele Individuen geboren. Dies ist Maya oder Nichtwissen.

Meher Baba

Jedes Ding durchdringt das Eine, wohin auch die Blicke schweifen,
Durch der Maya Bild bezaubert, kann kaum jemand ihn begreifen,
Alles ist Govinda, ohne ihn ist nichts, er ist der Eine,
Gleich der Schnur, auf die gereiht sind hunderttausend Edelsteine.
Meer und Welle, Schaum und Blase, andres nicht als Wasser ist es,
Und das Weltall ist nichts als ein Spiel des Brahman, wisst es.
Wahngebilde, Traumgestalten sieht man an für Wirklichkeiten,
Durch Belehrung wach geworden, ließ ich mich zur Wahrheit leiten.
Spricht Namdev: Sieh Gottes Werke, tief im Herzen seiner denkend,
In dem Innern jedes Dinges ist Murari, alles lenkend.

Namdev

Angenommen, ein Mann mit Sehvermögen betrachte sich die vielen Wasserblasen auf dem Ganges, und er beobachte und untersuche sie gründlich; nachdem er dies aber getan habe, erschienen ihm diese leer, unwirklich und wesenlos. In derselben Weise betrachtet der Mönch alles Körperliche, alle Gefühle, alle Wahrnehmungen, alle Geistformationen, alles Bewusstsein, ob vergangen, gegenwärtig oder zukünftig, eigen oder fremd, grob oder fein, gemein oder erhaben, fern oder nahe; und er erkennt alle diese Dinge als leer, nichtig und wesenlos.

Dem Schaumball gleichet dieser Leib,
Der Wasserblase das Gefühl,
Wahrnehmung ist dem Luftbild gleich,
Die Geistgebilde dem Bananenstamm,
Bewusstsein aber ist wie Gaukelwerk.

Gautama Buddha

Aus Nichtwissen erwächst das All,
Erkenntnis bringt es zum Verschwinden,
Die Gier allein nährt sein Entstehen,
Wer dies weiß, kann Erlösung finden.

Shankaracharya

Zum Ewigen muss man durch das Endliche gelangen, zum Wirklichen mithilfe des Unwirklichen, zum Heiligen mithilfe des Profanen. Suche das Unwandelbare durch das Weltspiel (*Lila*) zu erkennen ... Ihr müsst euch durch das Weltspiel zum Unwandelbaren hinauftasten. Und vom Unwandelbaren müsst ihr euch wieder zurücktasten zum Weltspiel, das nun nicht länger unwirklich, sondern für die Sinne nichts anderes ist als ebenso viele Manifestationen des Unwandelbaren.

Ramakrishna

Was wir »Geist« [Gemüt] nennen, ist eine wundersame Kraft, die dem Selbst entspringt und Gedanken entstehen lässt. Ohne Gedanken gibt es keinen Geist. Der Geist ist also seinem Wesen nach Denken. Ohne Denken gibt es nichts, was Welt genannt werden könnte. Im Tiefschlaf existieren weder Denken noch Welt. Während des Wachzustands und während des Traums erfahren wir sowohl Denken als auch Welt. Wie eine Spinne ihr Netz aus sich heraus spinnt und es dann wieder verschlingt, so entwirft der Geist die Welt aus sich heraus und löst sie wieder in sich auf. Sobald der Geist aus dem Selbst heraus in Erscheinung tritt, tritt auch die Welt als real in Erscheinung, und das Selbst ist nicht mehr erkennbar. Wenn aber das Selbst aufleuchtet und in Erscheinung tritt, verschwindet die Welt. Sucht man beharrlich nach dem Wesen des Geistes, wird der Geist aufhören zu existieren – was bleibt, ist das Selbst. Selbst und Atman sind dasselbe, Geist und Jiva sind dasselbe; das Selbst (Atman) existiert für sich. Der Geist, die feinstoffliche, individuelle Seele (Jiva), kann nicht allein, sondern nur in Verbindung mit etwas Grobstofflichem existieren.

Ramana Maharshi

Zwischen Anfang und Ende dieser sich wandelnden Welt laufen viele Zyklen ab, doch über alle diese Zyklen hinweg vollzieht sich die kosmische Evolution in ungebrochener Kontinuität. Der wirkliche Abschluss des Evolutionsprozesses wird bezeichnet als *Mahapralaya*, das heißt als die große Auslöschung, wenn das Universum wird, was es am Anfang war, nämlich *nichts*. Mahapralaya ist mit dem Tiefschlaf eines Menschen vergleichbar. Geradeso wie die vielgestaltige Erfahrungswelt für das in Tiefschlaf versunkene Individuum gänzlich verschwindet, löst sich das gesamte objektive Universum, die Schöpfung der Maya, zum Zeitpunkt des Mahapralaya in nichts auf. Es ist, als hätte dieses Universum überhaupt nie existiert.

Meher Baba

Samsara – im Kreislauf von Geburt und Tod

Unsicher ist des Menschen Leben
Wie Regentropfen auf dem Lotusblatt.
Wisse, dass diese ganze Welt
Krankheit, Selbstsucht und Kummer unterworfen bleibt.
Shankaracharya

Wenn ein Mensch an die Sinnesobjekte denkt, entsteht Verhaftung an sie. Aus der Verhaftung entspringt Begierde, und aus der Begierde entspringt Zorn.

Aus dem Zorn entsteht Verwirrung, aus der Verwirrung Verlust der Erinnerung, aus dem Verlust der Erinnerung Zerstörung des Verstandes. An der Zerstörung des Verstandes geht er zugrunde.
Bhagavad-Gita

Selbstsucht führt unvermeidbar zu Unzufriedenheit und Frustration, weil Begierden endlos sind. Die Frage, wie sich das Glück erreichen lässt, ist deshalb die Frage, wie sich die Begierden beseitigen lassen. Durch mechanische Unterdrückung sind sie nicht wirklich zu überwinden. Einsicht allein vermag sie zu vernichten. Wenn ihr tief in das Reich der Gedanken taucht und nur einige Minuten ernsthaft nachdenkt, werdet ihr erkennen, wie hohl eure Begierden sind. Bedenkt, woran ihr in all den vergangenen Jahren Genuss gefunden und woran ihr gelitten habt. All das, was ihr genossen habt, ist heute nichtig. Auch das, woran ihr früher gelitten habt, ist in der Gegenwart nicht mehr vorhanden. Alles war illusorisch.

Es ist euer Recht, glücklich zu sein, doch ihr schafft euch euer eigenes Unglück, indem ihr dies und jenes begehrt. Begehren ist die Quelle endloser Unruhe. Wenn ihr das, was ihr begehrt, nicht bekommt, seid ihr unzufrieden, und wenn ihr es bekommt, wollt ihr mehr und mehr davon und werdet unglücklich. Sagt »Ich begehre nichts«, und seid glücklich. Die unablässige Vergegenwärtigung der Nichtigkeit eurer Begierden wird euch letztlich zu wahrer Erkenntnis führen. Diese Selbsterkenntnis wird euch die Freiheit von Begierden verschaffen, die auf den Weg zu unvergänglichem Glück führt.

Meher Baba

Unausdenkbar ist ein Anfang dieser Daseinsrunde, nicht zu entdecken ist ein Beginn der von Unwissenheit gehemmten und von Begehren gefesselten Wesen, die immer wieder den Samsara durcheilen, den Samsara durchwandern. Was glaubt ihr, o Jünger, was ist wohl mehr: der Tränenstrom, den ihr auf dieser langen Daseinsrunde, mit Unerwünschtem vereint und von Erwünschtem getrennt, klagend und weinend vergossen habt, oder das Wasser der vier Weltmeere? Lange Zeit hindurch habt ihr den Tod von Vater und Mutter, Sohn und Tochter erfahren, den Verlust von Verwandten und Schätzen, das Unglück der Krankheit. Und dabei habt ihr mehr Tränen vergossen, als sich Wasser in den vier Weltmeeren befindet. So habt ihr denn lange Zeiten hindurch Leiden erfahren, Qualen erfahren, das Unglück der Krankheit erfahren und das Leichenfeld vergrößert, wahrlich genug, um sich von allen Daseinsgebilden abzuwenden, loszulösen und zu befreien!

Gautama Buddha

Nur Toren folgen ihren Begierden in der Außenwelt und gehen so dem Tod ins ausgespannte Netz. Doch die Weisen wissen um die Unsterblichkeit und suchen das Dauerhafte nicht im Vergänglichen.

Katha-Upanishad

Was ist Glück?

Glückselige Freude ist das Wesen des Selbst; Glück und Selbst sind daher nicht voneinander verschieden. Es gibt keinen Gegenstand auf der Welt, der Glück in sich birgt. Nur aufgrund unserer Unwissenheit glauben wir, dass Glück weltlichen Dingen entspringt. Wenn sich der Geist nach außen wendet, erfährt er Leid. Geht sodann ein Wunsch in Erfüllung, kehrt der Geist zu seinem Ursprung zurück und erlebt dort die Freude des Selbst, so verhält es sich in Wahrheit. Wie im Tiefschlaf, im Samadhi oder während einer Ohnmacht wendet sich der Geist immer auch dann nach innen, wenn entweder etwas Erwünschtes erlangt oder etwas Unerwünschtes abgewendet worden ist, und erfährt hier das dem Selbst innewohnende Glück. So wandert der Geist rastlos zwischen seiner Quelle und der äußeren Welt hin und her. Bei glühender Hitze sucht man den schattenspendenden Baum und genießt die Kühle. Wer den Baum immer wieder verlässt und sich der Hitze aussetzt, nur um erneut in den Schatten zu fliehen, ist ein Narr. Der Kluge bleibt im Schatten. Ebenso wird der, der die Wahrheit erkannt hat, Brahman niemals verlassen, im Gegensatz zu dem Unwissenden, der sich der Welt zuwendet, dort Leid erfährt und jeweils für kurze Momente zu Brahman zurückkehrt, um Glück zu erleben. Tatsächlich ist das, was die Welt genannt wird, nichts als ein Gedanke. Wenn die Welt versinkt, also kein Gedanke vorhanden ist, erlebt der Geist Glück, wenn aber die Welt in Erscheinung tritt, erlebt er Leid.

Ramana Maharshi

Erkenne, dass der Körper einem Wagen gleicht, in dem der Atman sitzt. Der Intellekt lenkt diesen Wagen, und seine Zügel sind die Gedanken und Gefühle.

Die Sinne, so sagt man, gleichen den Pferden dieses Wagens und die Sinnesobjekte seiner Bahn. Die Verbindung von Atman, Sinnesorganen und Verstand nennen die Weisen einen Genießer, einen, der in der Welt Erfahrungen macht.

Wer nun unbewusst dahinlebt mit ungezügelten Gedanken und Gefühlen, dessen Sinne gehen mit ihm durch. Sie gleichen schlechten Pferden, die den Zügeln des Wagenlenkers nicht gehorchen.

Wer aber stets bewusst lebt und seine Gedanken und Gefühle unter Kontrolle hat, dessen Sinne sind beherrscht. Sie gleichen guten Pferden, die den Zügeln des Wagenlenkers gehorchen.

Wer nun unbewusst dahinlebt, unvernünftig und unrein, der erreicht das Ziel nicht, sondern bleibt im Kreislauf von Geburt und Tod gefangen.

Wer aber stets bewusst lebt, vernünftig und rein, der erreicht das Ziel und wird nicht mehr wieder geboren.

Katha-Upanishad

Die gier- und hasserfüllte Welt
Ist nur ein Alpdruck in der Nacht,
Ihr Dasein wird zu leerem Schein,
Wenn man aus diesem Traum erwacht.

Shankaracharya

Sünde«, sagte der Meister, »ist alles, was den Menschen Gott vergessen lässt.«

Paramahansa Yogananda

Es wird eine Zeit kommen, ihr Jünger, wenn das große Weltmeer versiegt, austrocknet, nicht mehr da ist. Es wird eine Zeit kommen, ihr Jünger, wenn diese gewaltige Erde vom Feuer verzehrt wird, zunichte wird, nicht mehr da ist. Nicht aber, sage ich, ihr Jünger, gibt es ein Ende des Leidens für die von Unwissenheit gehemmten und von Begehren gefesselten Wesen, die diese Daseinsrunde durcheilen, diese Daseinsrunde durchwandern.

Gautama Buddha

Welteitelkeit, die dir das Herz beschwert, –
Ein schrecklich' Leidensmeer, was ist sie wert?
Das Geld das du gewinnst, was ist's? Ein Schaum,
Ein Schatz, den du gewonnen hast im Traum.
Drei Tage lebst du in dem Pilgerland. –
Was soll dir Freundschafts- und Verwandtschaftsband?
Wenn Seligkeit von Herzen du begehrst,
Sie wird dir, wenn du Lakshmis Herrn verehrst.

Kanakadasa

Karma – das Gesetz von Ursache und Wirkung

Und wo immer die Wesen ins Dasein treten, dort werden ihre Taten zur Reife kommen. Und wo immer ihre Taten zur Reife kommen, dort werden sie die Früchte jener Taten ernten, sei es in diesem Leben oder im nächsten oder in irgendeinem späteren Leben.

Gautama Buddha

Die Entwicklung des begrenzten Individuums wird gänzlich bestimmt durch die Sanskaras oder Eindrücke, die dasselbe über viele Zeitalter hinweg gesammelt hat. Und obwohl all das zum Bereich der Vorstellung gehört, ist diese Determinierung durchgehend und automatisch. Jede Handlung und jede Erfahrung, wie kurzlebig auch immer, hinterlassen im Mentalkörper einen Eindruck. Dieser ist eine *objektive* Veränderung des Mentalkörpers, und da der Mentalkörper über viele Existenzen hinweg erhalten bleibt, können auch die vom Individuum gesammelten Eindrücke über viele Existenzen hinweg erhalten bleiben. Wenn die so gesammelten Sanskaras sich auszudrücken beginnen (statt im Mentalkörper bloß zu schlummern), werden sie als Begierden erfahren, das heißt, sie werden *subjektiv* empfunden. Das Objektive und das Subjektive sind zwei komplementäre Aspekte der Sanskaras: Das Erstere ist ein passiver Zustand der Latenz, das Zweite ein aktiver Zustand der Äußerung.

In ihrer aktiven Phase bestimmen die angehäuften Sanskaras jede Erfahrung und Handlung des Ich. Geradeso wie im Kino mehrere Meter Film ablaufen müssen, um auf der Leinwand eine kurze

Handlung zu zeigen, sind oft viele Eindrücke an der Hervorbringung einer einzigen Handlung des Ich beteiligt. Durch Äußerung und Erfüllung in der Erfahrung werden die Sanskaras »verbraucht«. Schwache Sanskaras werden in mentalen Vorgängen verbraucht, stärkere in Vorgängen des subtilen Bereichs, also in Form von Begierden und vorgestellten Erfahrungen, und die stärksten schließlich in physischen Handlungen.

Doch obwohl dieses Verbrauchen von Sanskaras unablässig vor sich geht, führt es nicht zur Befreiung von Sanskaras, denn nicht nur durch neues Handeln, sondern auch durch den Vorgang des Verbrauchens selbst werden unvermeidlich neue Sanskaras erzeugt. So nimmt die Bürde der Sanskaras ständig zu, und das Individuum sieht sich außerstande, diese Bürde abzuwerfen.

Meher Baba

Nicht in den Lüften, nicht in Meeresmitte,
Nicht in den Bergesklüften sich versteckend,
Lässt sich ein Ort auf dieser Erde finden,
Wo weilend man der bösen Tat entginge.

Gautama Buddha

Solange das aus guten oder bösen Taten entstehende Karma nicht zerstört ist, ist selbst in Hunderten von Weltaltern eine Erlösung nicht möglich. Wie durch eine goldene oder eiserne Kette wird das Lebewesen durch gutes oder böses Karma gebunden. Wenn ein Mensch auch beständig Kultakte vornimmt und sich hundertfach kasteit, so erlangt er doch nicht das Heil, solange er nicht das Wissen erreicht hat. Nur wer erkannt hat, dass die ganze Welt von Brahma bis zum Grashalm eine durch Maya (Illusion) hervorgerufene Einbildung ist und dass das einzig Wahre das eine höchste Brahman ist, wird selig. Alle Vorstellungen von Name und Form gleichen nur dem Spiel von Kindern. Nur wer dies alles aufgegeben hat und fest im Brahman verharrt, ist ein Erlöster, daran besteht kein Zweifel.

Mahanirvana-Tantra

Die Eindrücke, die bestimmte Handlungen und Erfahrungen im Gemüt hinterlassen, erzeugen in diesem eine Neigung zu ähnlichen Handlungen und Erfahrungen. Ist aber ein gewisser Punkt erreicht, kommt es zu einer natürlichen Reaktion, die dieser Neigung entgegenwirkt und eine vollständige Kehrtwendung zu ihrem unmittelbaren Gegenteil zur Folge hat. Damit wird Raum geschaffen für den Ausdruck entgegengesetzter Sanskaras.

Oft äußern sich beide Teile eines Gegensatzpaares im Vorstellungsablauf eines einzigen Lebens. So kann ein Individuum beispielsweise zunächst die Erfahrung haben, ein berühmter Schriftsteller zu sein, der Reichtum, Ansehen, Familie und all die angenehmen Dinge des Daseins besitzt, und in einem späteren Abschnitt desselben Lebens überwechseln zur Erfahrung, Reichtum, Ansehen, Familie und all die angenehmen Dinge des Daseins verloren zu haben. Zuweilen aber scheint der Vorstellungsablauf einer Lebensspanne nicht beide Teile des Gegensatzpaares zu enthalten. So kann sich ein Individuum während der ganzen Dauer seines gegenwärtigen Lebens als mächtiger König erfahren, der aus jeder Schlacht als Sieger hervorgeht. In diesem Fall wird er den Ausgleich seiner Erfahrung durch die Erfahrung von Niederlagen und dergleichen in seinem nächsten Leben vollziehen müssen. Das bedeutet, dass er ein weiteres Leben brauchen wird, um diese Vorstellungsreihe zu ergänzen. Der rein psychologische Zwang, den die Sanskaras ausüben, entspringt somit dem tieferen Bedürfnis der Seele, sich selbst zu erkennen.

Meher Baba

Wer den guten oder schlechten Samen
In die Schicksalserde hat gestreut,
Wird auch gute oder schlechte Früchte
Wieder ernten in der Reifezeit.

Der eine hat das böse Werk getan,
Und viele dann die Frucht genießen;
Die von der Frucht genossen, gehen frei,
Der Täter trägt die Schuld und muss sie büßen.

Nicht fügt uns zu ein andrer Lust und Leid,
Dass es ein andrer zufügt, ist ein Wahn.
Ein jeglicher genießt zu seiner Zeit,
Was er beging in der Vergangenheit;
Selbst büße ab, o Leib, was du getan!

Shivadasa

Den Willen bezeichne ich als das Wirken (*Karma*), denn mit dem Willen wirkt man die Tat in Werken, Worten und Gedanken ... Es gibt Taten, ihr Jünger, die in der Hölle reifen ... im Tierschoß reifen ... im Gespensterreich reifen ... in der Menschenwelt reifen ... in der Himmelswelt reifen ... Dreierlei aber ist das Ergebnis der Taten: entweder bei Lebzeiten reifend oder in der nächsten Geburt oder bei einer späteren Gelegenheit.

Gautama Buddha

das gemüt – die psychischen und mentalen kräfte

Die Evolution des Bewusstseins von der Stufe des Steins an findet ihren Abschluss im Menschen. Die Evolutionsgeschichte ist in Wirklichkeit die Geschichte der stufenweisen Entwicklung des Bewusstseins. Die Frucht der Evolution ist das voll entwickelte Bewusstsein, das den Menschen kennzeichnet. Dieses voll entwickelte Bewusstsein ist jedoch wie ein staubbedeckter Spiegel. Getrübt durch das Wirken der Sanskaras [Prägungen], bringt es nicht klare Erkenntnis des wahren Wesens der Seele. Obwohl voll entwickelt, wird es durch die Bürde der Sanskaras am freien Wirken gehindert, so dass es nicht zur Wahrheit führt, sondern zu Konstruktionen der Vorstellung. Es bleibt gefangen im Käfig der Begierden und ist deshalb in seinem Gesichtskreis begrenzt.

Meher Baba

Hat da einer mit dem Auge eine Form wahrgenommen, mit dem Ohre einen Ton, mit der Nase einen Duft, mit der Zunge einen Saft, mit dem Körper einen Körpereindruck, mit dem Geiste ein Geistobjekt, so fasst er bei einem lieblichen Objekt Zuneigung, und bei einem unliebsamen Objekt fühlt er Abneigung.

Was immer er für ein Gefühl empfindet – angenehm, unangenehm oder indifferent –, das billigt und pflegt er und klammert sich daran. Während er aber das Gefühl billigt, pflegt und sich daran klammert, steigt in ihm Neigung auf. Die Neigung aber zu den Gefühlen, diese gilt als das »Anhaften«; durch Anhaften aber bedingt ist dieser (gegenwärtige) Werdeprozess, durch den (karmischen) Werdeprozess bedingt ist die (Wieder-)Geburt, durch die

Geburt aber bedingt entstehen Altern und Sterben, Sorge, Jammer, Schmerz, Trübsal und Verzweiflung. Also kommt es zur Entstehung dieser ganzen Leidensfülle.

Gautama Buddha

Zwischen den Polen des Bewussten und des Unbewussten
Hat der Geist eine Schaukel errichtet:
Daran hängen alle Wesen, alle Welten,
Und diese Schaukel hört nie auf zu schwingen.
Dort sind Wesen ohne Zahl, dort sind
Die Sonne und der Mond in ihrem Lauf –
Millionen von Zeitaltern gehen vorüber,
Und die Schaukel hört nicht auf zu schwingen.
Alles schwingt: der Himmel und die Erde und das Wasser
Und auch der Höchste Herr, indem er Form annimmt.

Dieser Anblick war es,
Der Kabir zu einem Diener gemacht hat.

Kabir

Frage: Was ist Gewahrsein seinem Wesen nach?

Gewahrsein ist seinem Wesen nach Sein-Bewusstsein-Glückseligkeit (Sat-Chit-Ananda).

Ramana Maharshi

Wer ganz tief schläft, vollkommen ruhig ist und auch keine Traumbilder mehr sieht, der ist der Atman. Er ist das Unsterbliche und das Furchtlose. Er ist Brahman.

Chandogya-Upanishad

Gott ist Wahrheit und Liebe. Er ist die Unerschrockenheit. Er ist die Quelle des Lichts und des Lebens. Dennoch steht er über allen Dingen und jenseits von ihnen. Gott ist Bewusstsein. Er ist sogar der Atheismus des Atheisten.

Mahatma Gandhi

Frage: Ist zwischen Wachen und Traum kein Unterschied?

Der Wachzustand ist lang, der Traumzustand kurz, einen anderen Unterschied gibt es nicht. Wie Ereignisse des Wachzustands nur im Wachzustand real erscheinen, erscheinen die des Traums nur dort als wirklich. Während des Traums befindet sich der Geist in einem anderen Körper als im Wachzustand. In beiden Zuständen gibt es gleichermaßen Gedanken, Namen und Formen.

Ramana Maharshi

Im Schlaf besteht das individuelle Gemüt weiter, obschon es alles vergessen hat, einschließlich seiner selbst. Die im Gemüt latent vorhandenen Eindrücke bilden einen Schleier zwischen dem untergetauchten Bewusstsein und der unendlichen Wirklichkeit. Während des Schlafs bleibt das Bewusstsein gefangen in der Schale des individuellen Gemüts und vermag ihr nicht zu entrinnen. Obwohl die Seele mithin ihr Getrenntsein von Gott vergessen hat und tatsächlich vereint ist mit ihm, ist ihr dieses Vereintsein nicht bewusst. In der Gottverwirklichung indessen hat das begrenzte Gemüt nicht bloß sich selbst vergessen, sondern es hat mitsamt allen seinen Eindrücken zu existieren aufgehört. Das Bewusstsein, das bis dahin mit dem individuellen Gemüt verflochten war, ist nunmehr frei und unbehindert. Es tritt in unmittelbaren Kontakt zur letzten Wirklichkeit und wird eins mit ihr. Da der Schleier zwischen Bewusstsein und Wirklichkeit gefallen ist, verschmilzt das Bewusstsein mit dem Absoluten und bleibt als untrennbarer Aspekt des Absoluten in alle Ewigkeit aufgehoben in ihm, woraus ein nimmer endender Zustand unendlichen Wissens und grenzenloser Seligkeit erwächst.

Meher Baba

Ein Weiser erkennt den großen, allgegenwärtigern Atman als den, durch den man beides sieht, die Bilder des Träumens und des Wachens. Dann sorgt er sich nicht mehr.

Wer das Subjekt seiner Erfahrungen, den Atman, den Herrn über Vergangenes und Zukünftiges, als sein eigenes, inneres Lebendigsein erkennt, der hat keine Angst mehr. – Wahrlich, dieser ist Das.

Katha-Upanishad

das denken

Wer es nicht gedanklich erfasst hat, der kennt es. Wer es gedanklich erfasst hat, der kennt es nicht. Wer glaubt, das Brahman erkannt zu haben, der kennt es nicht. Wer glaubt, es nicht erkannt zu haben, der kennt es.
Kena-Upanishad

Viel Schlimm'res, als ein Feind dem Feind je angetan,
Tut dem das Denken an, der's nicht beherrschen kann.
Gautama Buddha

Jedermann sollte daran denken, dass seine geheimsten Gedanken Einfluss auf ihn selbst und die anderen haben. Er muss Selbstbeherrschung üben, um alle bösen Gedanken aus seinem Geist zu verjagen und dort nur Raum für große und edle Gedanken zu lassen.
Mahatma Gandhi

Das Denken wird falsch durch die störende Wirkung der Sanskaras, die sich im Laufe der Bewusstseinsentwicklung angehäuft haben. Diese Sanskaras oder Prägungen äußern sich als Begierden und verzerren das Bewusstsein. Über viele Existenzen hinweg bürden sich dem Bewusstsein fortwährend die Nachwirkungen der Erfahrung auf und trüben die Wahrnehmung der Seele. Das Den-

ken vermag den Wall der Sanskaras nicht zu durchbrechen, und so wird das Bewusstsein zum hilflosen Gefangenen der Illusionen, die sein eigenes falsches Denken hervorbringt. Solch falsches Denken herrscht nicht nur dort, wo das Bewusstsein erst teilweise entwickelt ist, sondern auch im Menschen, wo es voll entwickelt ist.
Meher Baba

Die Logik ist der schlimmste Feind der Wahrheit, so wie Selbstgerechtigkeit der schlimmste Feind der Tugend ist – denn die eine kann die eigenen Irrtümer nicht sehen, so wie die andere nicht die eigenen Unvollkommenheiten sieht.
Sri Aurobindo

Allein das Denken der Menschen ist die Ursache für ihr Gebundensein und für ihre Freiheit. Man ist gebunden, solange man noch an irgendwelchen Dingen hängt. Wenn man aber von ihnen losgelöst ist, dann ist man absolut frei.
Maitrayani-Upanishad

Das menschliche Denken ist gewohnt, sich mit materiellen Dingen zu beschäftigen, und die Kraft, die es zu diesem intellektuellen Erforschen materieller Dinge treibt, entspringt der Sinneslust und anderen Begierden. Wendet sich das Denken geistigen Fragen zu, folgt es denselben Bahnen, an die es gewöhnt ist, und benutzt dabei Begriffe, die es zum intellektuellen Verständnis materieller Dinge erfunden hat. Der Versuch, sich dem Verständnis des Geistigen auf diese Weise zu nähern, ist indessen zum Scheitern verurteilt, denn alle Begriffe, die der Intellekt zum Zwecke des Verständnisses materieller Dinge entwickelt, sind ungeeignet zum Verstehen des Geistes. Es ist wie ein Versuch, mit den Ohren zu sehen oder mit den Augen zu hören. Wenn der Intellekt das Geistige unabhängig vom Herzen zu verstehen sucht, benutzt er zwangsläufig Analogien aus der materiellen Welt, und dies führt unweigerlich dazu, den Geist als Objekt des Denkens zu betrachten, was er nicht ist.

Meher Baba

Du solltest die Idee aufgeben, ein höher entwickelter spiritueller Mensch zu werden … Genau dieser Gedanke kann manchmal zum Hindernis werden.

Mata Amritanandamayi

Wie ein Feuer, das keinen Brennstoff mehr hat, in seinem Ursprung zur Ruhe kommt, so kommt auch der Verstand, wenn es keine Gedanken mehr gibt, in seinem Ursprung zur Ruhe.

Das Denken kommt in seinem Ursprung zur Ruhe, wenn man sich nach der Wahrheit sehnt. Lässt man sich aber von seinen Sinnen und von den Dingen, die ja keine reale Basis haben, täuschen, dann unterliegt man den Konsequenzen der eigenen Handlungen.

Das Denken bestimmt den Lauf der Welt, und deshalb sollte man seine Gedanken sorgfältig läutern. Du wirst zu dem, was du denkst. Das ist das ewige Mysterium.

Durch die Läuterung des Denkens werden die Konsequenzen von guten und schlechten Taten zunichte. Wer mit geläutertem Atman im Atman ruht, der erlangt unvergängliche ekstatische Freude.

Hingen die Menschen mit ihren Gedanken so sehr am Brahman wie an den Dingen dieser Welt, wer würde dann nicht von allen Bindungen frei?

Maitrayani-Upanishad

Ein Gedanke ist ein auf die Wahrheit abgeschossener Pfeil. Er kann einen Punkt treffen, aber nicht das ganze Ziel abdecken. Leider ist der Schütze nur zu leicht mit seinem Erfolg zufrieden, um noch weitere Fragen zu stellen.

Sri Aurobindo

Kannst du erkennen, wie Gedanken in deinem Geist aufsteigen? Kannst du sehen, wie dieser Gedanke arbeitet und wie er stirbt? Sobald es dir möglich ist, einen Gedanken klar zu sehen, wird dieser Gedanke kraftlos.

Mata Amritanandamayi

Das Denken, flatterhaft, unbändig, obstinat,
Gleichwie der Schmied den Pfeil, macht es der Weise grad.

Gautama Buddha

Körper, Seele und Geist

Das Nichtseiende kann nicht sein, das Seiende kann nicht aufhören zu sein. Die Wahrheitsseher haben den Schluss aus diesen beiden entdeckt.

Wisse, dass unzerstörbar ist, von dem das alles durchdrungen wird. Niemand kann die Zerstörung dieses Unwandelbaren bewirken.

Ein Ende haben die Körper, unzerstörbar und unfassbar aber ist das Ewige, welches in diese Körper eingegangen ist.

Wer denkt, er tötet, wer glaubt, er werde getötet, beide sind im Irrtum. Nicht tötet dieser eine noch wird er getötet.

Nicht wird er geboren noch stirbt er jemals. Ins Sein gelangt, wird er nicht wieder aufhören zu sein. Er ist ungeboren, ewig, dauerhaft und uralt. Er wird nicht getötet, wenn der Körper getötet wird …

Wie ein Mann abgetragene Kleider ablegt und andere, neue anzieht, so legt auch die Seele die abgetragenen Körper ab und geht in andere, neue ein …

Dem Geborenen ist der Tod gewiss, dem Toten ist die Geburt gewiss. Darum sollst du über eine unvermeidliche Sache nicht trauern.

Bhagavad-Gita

Ihr seid unendlich. Ihr seid in Wirklichkeit überall. Doch ihr meint, der Körper zu sein, und betrachtet euch deshalb als begrenzt. Wenn ihr glaubt, der Körper zu sein, der hier sitzt, so deshalb, weil ihr euer eigenes wahres Wesen nicht kennt. Könntet ihr nach innen schauen und eure Seele in ihrem wahren Wesen sehen, so würdet ihr erkennen, dass ihr unendlich und jenseits aller Schöpfung seid. Doch ihr identifiziert euch mit dem Körper. Diese falsche Identifikation ist durch Nichtwissen bedingt, das durch das Gemüt wirksam wird. Der Weltmensch meint, der physische Leib zu sein. Ein geistig Fortgeschrittener meint, der Subtilleib zu sein. Der Heilige meint, der Mentalleib zu sein. Doch in keinem von den dreien erkennt die Seele unmittelbar sich selbst. In keinem ist die Wahrnehmung rein, ungetrübt von Illusion.

Meher Baba

Unsere Ängste drehen sich alles in allem um einen zentralen Punkt, unseren Körper. Sie werden also in dem Augenblick verschwinden, in dem wir uns vom Hängen am Körper befreit haben.

Mahatma Gandhi

Wer sich, ihr Jünger, des Körperlichen erfreut oder der Gefühle, der Wahrnehmungen, der Geistformationen oder des Bewusstseins, der erfreut sich des Leidens; und wer sich des Leidens erfreut, der wird von Leiden nicht erlöst.

Gautama Buddha

Kabir, prahle nicht mit deinem Körper,
Diesem Hautsack, gefüllt mit Knochen.
Prinzen, die unter Schirmen aus Gold
Auf Schlachtrössern einherritten,
Liegen nun da, von Erde umfangen.
Kabir, prahle nicht mit deinen schönen Palästen.
Heute oder morgen wird die Erde dein Lager
Und dein Kopf von Gras bedeckt sein.

Prahle nicht mit deinem Glück, Kabir,
Und verachte die Verzweifelten:
Dein Schiff ist noch auf hoher See –
Wer wüsste um sein Schicksal?
Kabir, prahle nicht mit deiner Schönheit und Jugend:
Heute oder morgen musst du sie abstreifen
Wie ein Schlange ihre eigene Haut.
Kabir

Der Wert der materiellen Dinge hängt ab von der Rolle, die sie im Leben des Geistes spielen. An sich sind sie weder gut noch schlecht. Sie werden gut oder schlecht, je nachdem, ob sie den Ausdruck des Göttlichen fördern oder behindern. Nehmen wir zum Beispiel den Platz, der dem physischen Körper im Leben des Geistes zukommt. Es ist falsch, einen unversöhnlichen Gegensatz zwischen »Fleisch« und »Geist« aufzustellen. Eine derartige Entgegensetzung endet fast unweigerlich in einer uneingeschränkten Verdammung des Körpers. Der Körper stellt sich der geistigen Erfüllung nur dann in den Weg, wenn er um seiner selbst willen verwöhnt und verzärtelt wird. Seine eigentliche Aufgabe aber ist, dem Geist zu dienen.

Der Reiter braucht ein Pferd, wenn er in den Kampf ziehen soll, doch das Pferd kann zum Hindernis werden, wenn es dem Reiter den Gehorsam verweigert. In gleicher Weise muss der Geist in Materie gekleidet werden, wenn er in den vollen Besitz seiner eigenen Möglichkeiten gelangen soll, wobei der Körper zum Hemmnis werden kann, wenn er sich weigert, den Forderungen des Geistes zu folgen. Fügt sich der Körper aber den Forderungen des Geistes so, wie es ihm geziemt, wird er zum Werkzeug der Herabkunft des Himmelreichs auf Erden. Dann erfüllt er seine Aufgabe als Medium zur Freisetzung des göttlichen Lebens und wird mit Recht Tempel Gottes auf Erden genannt.
Meher Baba

Körper, Geist und Seele stehen in enger Beziehung miteinander«, sagte der Meister. »Ihr habt eine Pflicht dem Körper gegenüber: ihn gesund zu erhalten; eine Pflicht dem Geist gegenüber: seine Fähigkeiten zu entwickeln; und eine Pflicht der Seele gegenüber: täglich über den Ursprung eures Wesens zu meditieren. Wenn ihr eure Pflicht der Seele gegenüber erfüllt, werden Körper und Geist ebenfalls Nutzen daraus ziehen. Wenn ihr jedoch eure Seele vernachlässigt, werden Körper und Geist schließlich auch darunter leiden.«

Paramahansa Yogananda

O Herr, ich wusste früher selbst noch nichts von mir,
Nur meinem Leibe wandt' ich meine Liebe zu,
Ich hatte nicht erkannt, dass ich bin eins mit dir
Und dass der Tor fragt, wer bin ich und wer bist du.

Lalla

Dieser sterbliche Körper ist in der Tat dem Tod ausgeliefert, dient jedoch als Wohnung für den unsterblichen, körperlosen Atman. Als Verkörperter ist er dann angenehmen und unangenehmen Erfahrungen ausgeliefert. Er kann sie nämlich als Verkörperter nicht zerstören. Den Körperlosen selbst aber berühren diese Erfahrungen nicht.

Chandogya-Upanishad

Wie kann das Wesen des Geistes verstanden werden?

Was im Körper als »Ich« in Erscheinung tritt, ist der Geist. Erforscht man, woher der »Ich«-Gedanke kommt, stellt man fest, dass er aus dem Herzen aufsteigt. Dort also hat der Geist seinen

Ursprung, dorthin wird man auch geführt, wenn man beständig »Ich-Ich« denkt. Von allen Gedanken ist der »Ich«-Gedanke der erste, andere Gedanken können vor ihm nicht entstehen. Erst nachdem die erste Person in Erscheinung getreten ist, erscheinen auch die zweite und die dritte Person; ohne »Ich« kann es »Du« und »Er, Sie, Es« nicht geben.
Ramana Maharshi

Zu welchem Ufer willst du übersetzen, o mein Herz?
Es gibt keinen Reisenden, der dir vorangegangen,
Es gibt keinen Weg.
An jenem Ufer, wo ist da Bewegung, wo ist Ruhe?
Da gibt es keinen Fluss, kein Boot und keinen Fährmann,
Da gibt es kein Seil, das Boot zu ziehen,
Und keinen Treidler, der es ziehen könnte.
Keine Erde, keinen Himmel, keine Zeit,
Kein Ding gibt es da, kein Ufer und auch keine Furt.
Es gibt dort keinen Körper und auch keinen Geist,
Und wo wäre da ein Ort zu finden,
An dem der Seele Durst zu stillen wäre?
Gar nichts von alledem wirst du in dieser Leere finden!
Darum sei stark, tritt ein in deinen Körper,
Dort hast du festen Boden unter deinen Füßen;
Bedenk es wohl, mein Herz, und mach dich nicht davon!

Also spricht Kabir:
Lass fahren alle vorgestellten Dinge
Und stehe fest in dem, was du bist.
Kabir

Wie kann der Geist zur Ruhe gebracht werden?

Durch das Nachfragen »Wer bin ich?«. Der Gedanke »Wer bin ich?« löst alle anderen Gedanken auf; so wie das Holzstück, mit dem das Feuer entfacht wird, am Ende selbst verbrennt, wird sich auch der »Ich-Gedanke« am Ende auflösen. Was sich dann ergibt, ist Selbst-Erkenntnis.

Ramana Maharshi

In unserem Körper, dieser Stadt des Brahman, gibt es ein kleines Haus in Form einer Lotusblüte. Darin befindet sich ein kleiner Raum, und was in diesem Raum ist, das muss man erforschen, das muss man zu erkennen versuchen …

Dieser äußere Weltenraum ist ebenso groß wie jener innere Raum im Herzen. Darin sind Himmel und Erde enthalten, Feuer und Luft, Sonne und Mond, Blitze und Sterne und alles, was es gibt und nicht gibt, das alles ist darin enthalten …

Der Körper wird zwar älter, aber Das altert nicht. Wenn der Körper getötet wird, wird Das nicht getötet. Das ist die wahre Stadt des Brahman, und in ihr sind alle Wünsche enthalten. Dies ist der Atman. Er hat nichts Schlechtes an sich, altert, stirbt und leidet nicht und hat weder Hunger noch Durst. Sein Wunsch gilt der Wahrheit, und sein Wille ist nur auf die Wahrheit gerichtet.

Auf der Erde verfolgen die Menschen ihre Ziele, als gehorchten sie einem Befehl. Sie streben danach, ein Reich zu beherrschen oder ein Stück Land zu besitzen, und dafür leben sie. Und so sind sie die Sklaven ihrer Wünsche.

Aber alles, was man sich auf diese Weise durch Arbeit in der irdischen Welt erworben hat, das ist vergänglich und wird eines Tages verschwunden sein. Und genauso verschwindet auch in der jenseitigen Welt das religiöse Verdienst, das man sich hier auf Erden erworben hat.

Wer von hier fortgeht, ohne den Atman und die wahren Wünsche erkannt zu haben, der wird in Unfreiheit leben, egal, in welche Welt er kommt. Wer aber den Atman und die wahren Wünsche erkannt hat und dann von hier fortgeht, der wird in Freiheit leben, egal, in welche Welt er kommt. Er kann dort tun und lassen, was er will.

Chandogya-Upanishad

Es gibt einen Vogel auf diesem Körper-Baum,
Der in des Lebens Ekstase tanzt.
Niemand weiß, wo er ist,
Und wer könnte jemals wissen,
Was seine Musik bedeutet?
Er brütet dort, wo die Äste dunkle Schatten werfen;
Er erscheint im Morgengrauen und fliegt in der Dämmerung davon,
Und er verliert niemals ein Wort über seine Absichten.

Niemand kann mir etwas über diesen Vogel sagen,
Der in meinem Blute singt.
Er ist nicht farbig oder farblos,
Er hat keine Form oder Silhouette,
Er sitzt immer im Schatten der Liebe.
Er lebt im Innern des Unerreichbaren,
des Grenzenlosen, des Ewigen,
Und niemand kann sagen, wann er kommt und wann er geht.

Kabir spricht: »Gefährten auf dem Weg,
Das Geheimnis dieses Vogels
Ist wunderbar und unergründlich.
Seid weise und ringt darum zu wissen,
Wo dieser Vogel sich niederlässt.«

Kabir

Ich, mich und mein

Das Ich tritt als explizite und unvermeidliche Begleiterscheinung aller Geschehnisse des mentalen Lebens hervor, um ein bestimmtes Bedürfnis zu erfüllen. Seine Rolle im menschlichen Dasein lässt sich vergleichen mit der Funktion des Ballasts in einem Schiff. Der Ballast bewahrt das Schiff vor allzu starkem Schwanken. Ohne ihn wäre das Schiff zu leicht und unstet und liefe Gefahr, von den launischen Winden und Wellen zum Kentern gebracht zu werden. Desgleichen bliebe die mentale Energie endlos in den vielfältigen Wirrnissen dualer Erfahrung gefangen und würde gänzlich zerstreut und vergeudet, gäbe es nicht einen vorläufigen Sammlungskern. Das Ich macht eine Bestandsaufnahme all der erworbenen Erfahrungen und bringt die verschiedenen Handlungsantriebe, die aus den vom tierischen Bewusstsein ererbten, verhältnismäßig unabhängigen und ungebundenen Instinkten erwachsen, in wechselseitigen Zusammenhang.

Die Bildung des Ich dient somit dem Zweck, den bewussten Vorgängen eine gewisse Stabilität zu verleihen und ein vorläufiges Gleichgewicht zu sichern, das ein planvolles und geordnetes Dasein möglich macht.

Es wäre deshalb ein Irrtum zu glauben, das Auftreten des individuellen Ich sei sinnlos oder überflüssig. Obwohl es nur entsteht, um am Ende wieder zu verschwinden, ist es vorübergehend eine Notwendigkeit, die auf der langen Wanderung der Seele nicht übergangen werden kann. Das Ich soll nicht dauernd als Hindernis bestehen bleiben, denn es kann durch geistiges Streben überwunden und abgelegt werden. Die Phase der Ichbildung ist mithin ein notwendiges Übel, das eine gewisse Zeit lang existieren muss.

Meher Baba

Der Meister sagte einer Gruppe von Jüngern:

»Gott hat uns diesen Besuch auf der Erde ermöglicht. Aber die meisten von uns verhalten sich wie unerwünschte Gäste, die gewisse Dinge als ihr Eigentum betrachten. Wir vergessen, dass wir uns nur vorübergehend hier aufhalten, und lassen viele Bindungen entstehen: ›mein Haus‹, ›meine Arbeit‹, ›mein Geld‹, ›meine Familie‹.

Wenn aber unser Visum für die Erde abläuft, lösen sich alle menschlichen Bindungen auf. Dann müssen wir alles, was wir zu besitzen glaubten, zurücklassen. Der Einzige, der uns überallhin begleitet, ist unser Ewiger Vater: Gott.

Erkennt *jetzt*, dass ihr die Seele seid – und nicht der Körper. Warum wollt ihr warten, bis euch der Tod diese harte Lehre erteilt?«

Paramahansa Yogananda

Der ganze Vorgang der Evolution vollzieht sich im Bereich der Vorstellung. Wenn in der Vorstellung der Ozean der einen Wirklichkeit scheinbar in Bewegung gerät, entsteht die mannigfaltige Welt getrennter Bewusstseinszentren. Dies bringt die grundlegende Spaltung des Lebens in Ich und Nicht-Ich mit sich, anders gesagt, in ein »Ich« und dessen Umwelt. Da dieses begrenzte Ich, als bloß vorgestellter Teil eines in Wirklichkeit unteilbaren Ganzen, falsch und unvollständig ist, kann das Bewusstsein an der fortwährenden Identifikation mit demselben kein Genügen finden. Es ist deshalb in unablässiger Rastlosigkeit gefangen, die es zwingt, Identifikation auch mit dem Nicht-Ich zu suchen. Der Teil des Nicht-Ich, das heißt der Umwelt, mit dem sich das Bewusstsein zu identifizieren vermag, wird dem Ich als »mein« angegliedert. Jener Teil des Nicht-Ich aber, mit dem es sich nicht zu identifizieren vermag, bleibt das unversöhnliche Andere, das zwangsläufig als Grenze des Ich und in Gegnerschaft dazu stehend empfunden wird.

Meher Baba

Der Mond leuchtet in meinem Körper,
Doch meine blinden Augen vermögen das nicht zu sehen.
Der Mond ist in mir und gleichermaßen auch die Sonne.
Die ungeschlagene Trommel der Ewigkeit dröhnt in mir,
Doch meine tauben Ohren vermögen sie nicht zu hören.
Solange der Mensch noch schreit nach »Ich« und »Mein«,
Sind alle seine Errungenschaften nichtig.
Ist erst die Liebe zu dem »Ich« und »Mein« gestorben,
Dann ist das Werk des Herrn getan.
Denn unser Wirken hat allein ein Ziel: das Wissen;
Wenn dieses kommt, wird alles Wirken abgetan.
Die Blüte blüht, damit die Frucht entsteht;
Sobald die Frucht entsteht, verdorrt die Blüte.
Der Moschus ist im Hirsch,
Doch dieser sucht es nicht in sich selbst,
Sondern wandert umher auf der Suche nach Gras.

Kabir

Das begrenzte Gemüt ist der Boden, in dem das Ich wurzelt, und durch die vielfältigen Täuschungen, in denen dieses Ich gefangen ist, verewigt es das Nichtwissen. Das Ich verhindert das Offenbarwerden des unendlichen Wissens, das der Seele latent innewohnt. Es ist das allergrößte Hindernis auf dem Weg zu Gott. Ein persisches Gedicht sagt treffend: »Es ist äußerst schwer, den Schleier des Nichtwissens zu durchdringen, denn über dem Feuer liegt ein Stein.« So wie eine Flamme nicht sehr hoch steigen kann, wenn ein Stein darübergelegt wird, kann das Sehnen nach Erkenntnis des eigenen wahren Wesens nicht zur Wahrheit führen, solange die Bürde des Ich auf dem Bewusstsein liegt.

Meher Baba

Frage: Wer bin ich?

Der aus den sieben Elementen bestehende physische Körper bin ich nicht. Ich bin auch nicht die fünf Organe der Wahrnehmung, mit denen ich höre, fühle, sehe, schmecke, rieche und Klang, Berührung, Farbe, Geschmack und Geruch wahrnehme. Auch bin ich nicht die fünf Organe der Tätigkeiten des Sprechens, der Bewegung, des Greifens, der Ausscheidung und der Zeugung mit ihrer jeweiligen Aktion. Ebenso bin ich nicht eine der fünf Formen der Lebensenergie (Prana und so weiter), die Atmung und Stoffwechsel bewirken. Mein denkender Geist bin ich nicht und auch nicht die meinem Geist unbewusst bleibenden Eindrücke.

Frage: Wenn ich dies alles nicht bin, was bin ich dann?

Was bleibt, wenn alles eben Genannte als »dieses nicht« ausscheidet, ist allein das Gewahrsein – und das bin ich.

Ramana Maharshi

Kein »Ich« ist und kein »Du«, kein »Der« ist und kein »Das«,
Der Schöpfer ist allein, der selber sich vergaß.
Der Blinde hat den Sinn der Worte nicht gefunden,
Sobald er sehend wird, ist ihm die Welt entschwunden.

Lalla

Herr, warum sind wir so unfrei? Warum können wir Gott nicht schauen?«

… »Weil die Vorstellung von einem Ich die Maya (Illusion) der Seele ist. Es ist unsere Ichsucht, die das Licht ausschließt. Sobald dieses Ich verschwunden ist, hat alle Not ein Ende. Wenn der Gedanke ›Ich bin nicht der Handelnde‹ sich dem Herzen durch Gottes Gnade tief einprägt, wird ein Mensch bereits in diesem Leben befreit. Für ihn gibt es keine Furcht mehr.«

Ramakrishna

Da ich »Du, du!« gesagt, zu dir gewendet,
Ward ich zum »Du« und es verging mein »Ich«.
Als zwischen dir und mir der Unterschied verschwunden,
Sah ich – wohin ich immer blickte – dich.

Kabir

Wer sein niederes Selbst [Ich] durch das höhere Selbst besiegt hat, hat in seinem Selbst einen Freund. Wer aber nicht im Besitz seines höheren Selbst ist, dessen Selbst [Ich] wird wie ein Feind in Feindschaft handeln.

Bhagavad-Gita

Nimm du, o Herr, auf dich
Mein Ich-Gefühl und lass es ganz verschwinden.
Nimm hin, o Herr, mein Leben
Und lebe du mein Leben durch mich.
Nicht länger lebe ich, o Herr,
Jetzt bist du es,
Der in mir lebt.
Auf ewig gibt es zwischen dir und mir, o Herr,
Nicht länger Raum für »das Ich« und »das Mein«.

Tukaram

Körperlichkeit ist vergänglich, Gefühl ist vergänglich, Wahrnehmung ist vergänglich, Geistformationen sind vergänglich und Bewusstsein ist vergänglich. Was aber vergänglich ist, das ist dem Leiden unterworfen; und was vergänglich, leidvoll und dem Wechsel unterworfen ist, da kann man nicht mit Recht behaupten, »Das gehört mir, das bin ich, das ist mein Ich«.

Was es daher an Körperlichkeit gibt, an Gefühl, Wahrnehmung, Geistformationen und Bewusstsein, ob vergangen, gegenwärtig oder zukünftig, eigen oder fremd, grob oder fein, gemein oder erhaben, fern oder nahe, das sollte man der Wirklichkeit gemäß in rechter Einsicht also erkennen: »Das gehört mir nicht, das bin ich nicht, das ist nicht mein Ich.«

Gautama Buddha

Ich bin nicht Geist, nicht Intellekt,
Nicht Ego noch Gefühl.
Ich bin nicht Himmel, Erde noch Metall.
Ich kenne nicht Geburt noch Tod noch Kaste,
Habe nicht Vater und nicht Mutter –
Ich bin er, ich bin er,
Segenbringender Geist, ich bin er!
Formlos bin ich, jenseits von allem Vorstellbaren,
Durchdringe ich die Glieder alles Lebendigen.
Ich fürchte keine Fesseln, ich bin frei, für immer frei,
Segenbringender Geist, ich bin er!

Shankaracharya

Sexualität und Ehe

Sexualität ist unleugbar eines der fundamentalen Probleme, die sich dem menschlichen Gemüt im Bereich der Dualität stellen. Sie ist eine der Gegebenheiten der menschlichen Natur, mit der sich das Gemüt auseinander setzen muss. Wie alles andere im menschlichen Dasein wird Sexualität durch die Brille der Gegensätze betrachtet, die das begrenzte Gemüt unweigerlich hervorbringt. So wie das Gemüt versucht, das Leben in ein Schema von Alternativen wie Freude oder Leid, Gut oder Schlecht, Einsamkeit oder Geselligkeit einzupassen, neigt es auch in Bezug auf den Geschlechtstrieb dazu, das Schwelgen in Sexualität und deren Unterdrücken als Alternativen anzusehen, aus denen es kein Entrinnen gibt.

Es scheint, als müsse das Gemüt die eine oder die andere dieser Alternativen hinnehmen. Dennoch kann es keine von beiden ganz hinnehmen, denn wählt es Unterdrückung, ist es unzufrieden mit seinem Los und denkt sehnsüchtig an Nachgeben, und wählt es Nachgeben, wird ihm seine Abhängigkeit von den Sinnen bewusst, weshalb es sich durch Rückkehr zur Unterdrückung frei zu machen trachtet. Das Gemüt bleibt von beiden Alternativen gleichermaßen unbefriedigt, und damit entsteht eines der wichtigsten und schwierigsten Probleme menschlichen Daseins.

Meher Baba

Höre jetzt, du ausgezeichnete Frau [Parvati; Göttin, die das weibliche Prinzip verkörpert], wie der Fromme durch Verehrung die Vereinigung mit dem Brahman erlangt. Du bist die höchste Prakriti (Urmaterie) des höchsten Geistes. Aus dir ist die ganze Welt ent-

standen, du Mutter der Welt. Du bist [die Göttinnen] Kali, Durga, Bhairavi, Annapurna, Sarasvati, Lakshmi und erscheinst alldurchdringend in vielerlei Gestalten. Am Anfang (einer periodischen Weltentstehung) warst du, erhaben über Rede und Denken, als »Finsternis« vorhanden, und aus dir entstand durch den Schaffensdrang des höchsten Brahman die Welt. Du bist die Urkraft und die Kraft der Kräfte, nur durch deine Kraft sind wir [die Götter Brahma, Vishnu und Shiva] fähig zu schaffen, zu erhalten und zu zerstören. Du hast unzählige Mantras, damit aber ein Shakti-Mantra wirkungsvoll wird, muss der Verehrer den Brauch der Kaulas befolgen, der die Verwendung von Wein, Fleisch, Fisch, gedörrten Körnern und die Ausübung des sakralen Beischlafs vorsieht. So wenig wie ein Spross auf einem Felsboden wächst, so wenig gedeiht die Verehrung ohne diese fünf heiligen Dinge (fünf Tattvas).
Mahanirvana-Tantra

Das Glücksgefühl, das Wein und Frau'n und Fleischgenuss
Dem Menschen spendet,
Den Toren führt's zum Untergang,
Des Weisen Sinn zum Heil es wendet.
Was man nicht trinken soll, darf man hier trinken,
Was man nicht essen soll, dient hier zur Atzung,
Die Frau, die man nicht lieben darf, wird hier Geliebte:
Das ist der Kaulikas geheime Satzung.
Es gibt nicht feste Regeln noch Gebote,
Nicht gute Werke noch tödliche Sünden,
Nicht Himmelswonnen noch auch Höllenqualen:
Das ist es, was die Kaulikas verkünden.
Wie Planeten und Nakshatras [Sterne]
Unbeirrt am Himmel wandeln,
Sollen unbeirrt durch andre alle wahren Yogis handeln.
Unberechenbar die Vögel durch den weiten Luftraum fliegen,
Unberechenbar die Fische durch die Wasserfluten schwimmen,

So lässt des Yogis Wandel sich durch kein Gesetz bestimmen.
Ein Yogi freut sich sämtlicher Genüsse, Begehren
ist nicht seines Handelns Grund.
Um alle Lebewesen zu begnaden,
lebt spielend er auf diesem Erdenrund.
Der Sonne gleich, die alles Feuchte trocknet,
dem Feuer gleich, das jedes Ding verzehrt,
So wird der Yogi, mag er auch genießen,
durch keiner schmutz'gen Sünde Schuld versehrt.
All-durchdringend wie der Äther, all-berührend wie der Wind,
Sündlos wie ein Gangespilger: Unbefleckt die Yogis sind.
Die Priester sehen im Feuer den Gott, die Toren in Tongestalten,
Die Denker wissen im Herzen ihn, die Seher im All enthalten.
Wer auch nur *einen* Augenblick »Ich bin das Brahman« überdacht',
Vertreibt so alle Finsternis wie der Sonne Glanz die dunkle Nacht.
Kularnava-Tantra

[Parvati sprach zu Shiva:] Jetzt ist das böse Kali-Zeitalter gekommen und der ganze Dharma geschwunden … Da werden sich die Menschen von den religiösen Pflichten abwenden und an schlechtem Tun ihre Freude haben. Kurzlebig, von Krankheit und Gram bedrückt, schlecht und schamlos werden sie sein. Brahmanen [Priester] werden wie Shudras [Angehörige der niedrigsten Kaste] leben und ihre Pflichten vernachlässigen. Ohne Glauben und Gottesliebe werden sie nur noch, um die Welt zu betrügen, meditieren und Kulthandlungen ausführen. Und Irrlehren folgend, werden sie sich als Gelehrte ausgeben …

Nun hast du auch die Tantras zum Wohle der Menschheit geschaffen, die gleichzeitig Genuss und Erlösung verleihen. Aber da die Menschen im Kali-Yoga voll Begierde sind, werden sie herabsinken, den Kult nicht ausüben, den Wein zu Befriedigung sinnlichen Genusses trinken, berauscht alles Gefühl für Gut und Böse verlieren und Übeltäter werden. Ich fürchte, Herr, dass die Kulthandlungen, die du zum Heile (der Menschheit) verkündet hast, von dieser künftig in ihr Gegenteil verkehrt werden. Sage, Herr, darum gnädigst, was die Menschen tun oder nicht tun sollen.

Wenn die Schwachheit im Kali-Zeitalter groß geworden ist, ist nur die eigene Frau des Verehrers als eine solche anzusehen, die von allen Fehlern frei ist und deshalb als fünftes Tattva (für den sakralen Beischlaf) in Betracht kommt.

Mahanirvana-Tantra

Aufmerket genau,
Wie durch eine Frau
Erlösung kommt auf Erden.
Gleich dem trocknen Scheit
Zum Brennen bereit,
So muss das Herz euch werden.
Ihn, welcher die Welt
Durchdringt und erhält,
Kann niemand sehen und zeigen.
Wer die Liebe kennt,
Die im Herzen brennt,
Der wird allein ihm zu Eigen.

Chandidas

Der Pfad des inneren Lebens ist für Ehelose wie für Verheiratete derselbe. Wenn ein Mensch zur Wahrheit hingezogen wird, sehnt er sich nach nichts anderem, und je deutlicher die Wahrheit in seinen Gesichtskreis tritt, desto mehr löst er sich von der Last sinnlichen Verlangens. Ob er nun ehelos oder verheiratet ist, er lässt sich nicht länger von den trügerischen Versprechungen des Auslebens oder der mechanischen Unterdrückung narren, sondern praktiziert innere Lösung vom Verlangen selbst, bis er gänzlich frei ist vom Trug der Gegensätze. Der Pfad zur Vollendung steht dem Suchenden (beiderlei Geschlechts) offen, lebe er nun im Zölibat oder in der Ehe. Ob er ihn vom Zölibat oder vom Ehestand aus betritt, hängt ab von seinen Sanskaras und karmischen Bindungen. Heiteren Sinns nimmt er die Umstände hin, die ihm sein vergangenes Leben vorbestimmt hat, und nutzt sie für sein geistiges Fortschreiten im Licht des wahrgenommenen Ideals.

Meher Baba

Grundlage der Religion ist die Selbstdisziplin, und die Ehe ist nichts als Selbstdisziplin.

Mahatma Gandhi

Für die meisten Menschen ist das Heiraten etwas ganz Selbstverständliches, doch ob die Ehe zu einer Hilfe oder zu einem Hemmnis wird, hängt davon ab, wie man damit umgeht. Zweifellos bietet das Eheleben enorme Möglichkeiten geistiger Entfaltung, doch setzt dies rechte Einstellung voraus. Vom geistigen Gesichtspunkt kann die Ehe nur dann gelingen, wenn sie ganz von der Vision der Wahrheit geleitet ist. Sie hat nicht viel zu bieten, wenn sie auf nichts anderem gründet als den begrenzten Motiven bloßer Sexualität oder wenn sie von Erwägungen bestimmt wird, wie sie unter Geschäftspartnern üblich sind. Die Ehe muss als ein wahrhaft geistiges Unterfangen, das der Entdeckung dessen dient, was das Leben in seinem höchsten Ausdruck sein kann, angegangen werden. Wenn zwei Menschen zusammen aufbrechen zu dem geistigen Wagnis, die höheren Möglichkeiten des Geistes zu erforschen, können sie ihr Experiment nicht von Vornherein durch irgendwelche kleinmütigen Berechnungen in Bezug auf Art und Menge individuellen Gewinns begrenzen.

Meher Baba

Damit er fähig ist, ein reiches und produktives Leben zu leben, muss ein Mensch, der in der Welt lebt, mit so viel Liebe, Intimität, Fürsorge und Verantwortung wie möglich durch den Übergang der Ehe hindurchgehen. Wenn ein Eheleben mit der richtigen Liebe und mit Verständnis gelebt wird, hilft es, das Weibliche innerhalb des Mannes zu wecken und das Männliche innerhalb der Frau. Diese Balance kann beiden schließlich helfen, das letzte Ziel der ewigen Freiheit zu erreichen.

Mata Amritanandamayi

Das Leben in der Ehe fordert von beiden Partnern, dass sie sich auf vielfältige Weise gegenseitig anpassen und verstehen, und es bringt manche Probleme, die man anfänglich meist nicht erwartete. Obwohl dies in einem gewissen Sinn auf das Leben im Allgemeinen zutrifft, gilt es im besonderen Maße für das Leben in der Ehe. In der Ehe verbinden sich zwei Seelen auf mannigfache Art, mit dem Ergebnis, dass sie aufgerufen sind, das komplexe Problem der Persönlichkeit als Ganzes anzupacken und nicht bloß irgendein Teilproblem, das aus einem einzelnen Begehren erwächst. Dies ist auch der Grund, weshalb das Eheleben grundverschieden ist von wechselhaften und unverbindlichen Geschlechtsbeziehungen. Solche Beziehungen sind ein Versuch, das Problem der Sexualität von anderen Bedürfnissen der in Entwicklung begriffenen Persönlichkeit zu isolieren und es getrennt von diesen zu lösen. Obwohl eine solche Lösung leicht erscheinen mag, erweist sie sich als sehr oberflächlich und hat den zusätzlichen Nachteil, dass sie den Suchenden davon abbringt, nach der wirklichen Lösung zu suchen.

Meher Baba

Mensch, lächle nicht, wenn dich ein Weib beglückt,
Der Söhne Liebe dir das Herz entzückt.
Des Todes Engel suchen dich. »Hinaus« –
Sie rufen – »Pack dich aus des Leibes Haus!«
Verstrickt die Welt dich, wirst du sie nie mehr los,
Fährst hin am Ende jämmerlich und bloß.
Verehre den, der auf dem Meere ruht,
So wirst du selig. Preis' ihn wohlgemut.

Kanakadasa

dualität – das wissen um gut und böse

Unter den Gegensatzpaaren, die das menschliche Gemüt hervorgebracht hat, ist jenes von Gut und Böse in geistiger Hinsicht das bedeutsamste. Es gründet auf dem Begehren des Menschen, von der Knechtschaft allen Begehrens frei zu sein. Jene Erfahrungen und Handlungen, die die Fesselung durch Begierden verstärken, gelten als schlecht, jene Erfahrungen und Handlungen aber, die dazu neigen, das Gemüt von seinen begrenzenden Begierden zu befreien, gelten als gut. Da aber auch gute Erfahrungen und Handlungen als solche nur relativ zu einem Begehren existieren, binden sie in derselben Weise wie schlechte Erfahrungen und Handlungen. Bindung insgesamt kann erst dann wahrhaft verschwinden, wenn alle Begierden verschwinden. Wahre Freiheit kommt mithin erst dann, wenn Gut und Böse sich gegenseitig ausgleichen und solchermaßen ineinander übergehen, dass kein Raum mehr bleibt für irgendeine Bevorzugung.

Meher Baba

Der Wissende denkt weder »Ich habe Schlechtes getan«
Noch »Ich habe Gutes getan«.
Er überwindet diese beiden Gedanken.
Was er getan hat und was er nicht getan hat,
Beunruhigt ihn nicht mehr.

Brihadaranyaka-Upanishad

Es gibt keine Sünde im Menschen, nur sehr viel Krankheit, Unwissenheit und Missbrauch.
Sri Aurobindo

Das menschliche Gemüt macht nicht nur ständig Erfahrungen, sondern es bewertet sie auch ohne Unterlass. Einige Erfahrungen empfindet es als angenehm, andere als unangenehm. Einige Erfahrungen sieht es als Glück bringend, andere als Leid bringend. Einige Erfahrungen beurteilt es als erfreulich, andere als unerfreulich. Einige Erfahrungen versteht es als Einschränkung des menschlichen Lebens, andere als Schritte zu seiner Erfüllung und Befreiung. Einige Erfahrungen wertet es als gut, andere als schlecht. Dies sind die Gegensätze, die die menschliche Vorstellung hervorbringt, wenn sie dem Leben von einem besonderen Standpunkt begegnen.
Meher Baba

Wenn jemand kein anderes sieht, hört und erkennt, dann ist das das Unbegrenzte. Sieht und hört und erkennt er aber noch Unterschiede, dann ist das das Beschränkte. Das Unbegrenzte ist unsterblich, das Beschränkte ist sterblich.
Chandogya-Upanishad

Selbstsucht ist die einzige Sünde, Gemeinheit das einzige Laster, Hass das einzige Verbrechen. Alles andere lässt sich leicht in Gutes umkehren, doch diese drei widersetzen sich hartnäckig der Göttlichkeit.
Sri Aurobindo

Die Begierden, aus denen sich das Ich aufbaut, sind gut oder schlecht. Schlechte Begierden werden gewöhnlich als Formen der Selbstsucht bezeichnet, gute Begierden dagegen als Formen der Selbstlosigkeit. Es gibt jedoch keine klare Trennungslinie zwischen Selbstsucht und Selbstlosigkeit. Beide bewegen sich im Bereich der Dualität. Vom letzten Gesichtspunkt jenseits der Gegensätze von Gut und Böse unterscheiden sich Selbstsucht und Selbstlosigkeit hauptsächlich in der Ausdehnung ihres Gesichtsfeldes.

Meher Baba

Im Strick erkennt man fälschlich eine Schlange,
Solange man ihn sieht in falschem Licht,
Wer richtig prüft, der findet keine Schlange –
Die Vielheit existiert für Weise nicht.

Shankaracharya

Was hier ist, das ist auch dort. Was dort ist, das ist auch hier. Solange man da Verschiedenheit sieht, geht man von Tod zu Tod.

Allein mit dem Geist kann man diese Einsicht gewinnen, dass es nirgends irgendeine Verschiedenheit gibt. Solange man hier Verschiedenheit sieht, geht man von Tod zu Tod.

Katha-Upanishad

Wer mit dem andern sich als eines dachte,
Wer Tag und Nacht in sich als gleich empfand,
Wer sich im Geist frei von der Zweiheit machte,
Der hat allein den höchsten Gott erkannt.

Lalla

Das Brahman ist reines Sein, eigenschaftslos, der Rede und dem Denken unerreichbar ... Es wird durch meditativen Yoga erfahren von Weisen, die überall das Gleiche sehen, die alle Zweiheit überwanden, die keine Zweifel mehr haben und frei sind von der falschen Übertragung, die im Körper das Selbst sieht.

Mahanirvana-Tantra

Unzählige sind aus dem Einen geworden,
Die Zahllosen wurden zu Einem allein.
Wenn die Erkenntnis den Einen geboren,
Dann geht in das Eine alles ein.

Kabir

Das Gefühl der Sünde war notwendig, damit der Mensch Abscheu vor seiner eigenen Unvollkommenheit empfinden konnte. Es war Gottes Korrektiv für den Egoismus. Allerdings begegnet der Egoismus diesem Trick Gottes, indem er sich seiner eigenen Sünden nur sehr dumpf bewusst ist, der Sünden der anderen dafür um so deutlicher.

Sri Aurobindo

wissen und weisheit

Unwissende Menschen halten sich selbst für weise und gelehrt. Aber sie sind dumm und laufen ziellos umher, wie Blinde, die ein Blinder führt.

Sie scheinen nicht zu wissen, dass sie sterben müssen, und sind durch den Glanz des Reichtums verblendet. Sie glauben: »Es gibt nur diese Welt und keine andere!«. So verfallen sie immer mehr meiner [des Totengottes] Macht.

Katha-Upanishad

Wer es zufrieden ist, unwissend zu sein, lebt in blinder Finsternis. Aber in noch tiefere Finsternis gelangt, wer seinem Wissen huldigt.

Isha-Upanishad

Praktisches Wissen ist etwas anderes. Es ist echt und dienlich, aber es ist niemals vollständig. Es zu systematisieren und zu kodifizieren, ist deshalb zwar notwendig, aber verhängnisvoll.

Wir müssen systematisieren, aber indem wir ein System erzeugen und es aufrechterhalten, sollten wir stets an der Wahrheit festhalten, dass alle Systeme ihrer Natur nach vorübergehend und unvollständig sind.

Sri Aurobindo

Oft verwechseln wir die spirituelle Erkenntnis mit der spirituellen Verwirklichung. »Spiritualität« bedeutet aber nicht nur »Studium der Texte« und »philosophische Diskussion«. Sie erfordert zuerst eine Kultur des Herzens, eine gewaltige Kraft, eine makellose Unerschütterlichkeit. Feiglinge können keiner Moral Genüge tun.

Mahatma Gandhi

Die kommende Zivilisation der Neuen Menschheit wird nicht von öden intellektuellen Dogmen beseelt sein, sondern von lebendiger geistiger Erfahrung. Geistige Erfahrung erwächst aus den tieferen Wahrheiten, die dem bloßen Intellekt unzugänglich sind. Der Intellekt allein kann sie nicht hervorbringen. Er mag zwar bis zu einem gewissen Grad in der Lage sein, geistige Wahrheit zu formulieren, und er kann sicherlich dazu beitragen, geistige Erfahrung mitzuteilen. Doch an sich allein reicht der Intellekt nicht aus, dem Menschen geistige Erfahrung zu verschaffen oder ihm die Mitteilung derselben zu ermöglichen.

Wenn zwei Menschen Kopfschmerzen gehabt haben, können sie diese Erfahrung gemeinsam untersuchen und sich mit Hilfe des Intellekts darüber verständigen, doch wenn jemand nie im Leben Kopfschmerzen gehabt hat, reicht keine noch so weitgehende intellektuelle Erklärung aus, ihm verständlich zu machen, was Kopfschmerz ist. Intellektuelle Erklärungen können niemals Ersatz sein für unmittelbare Erfahrung. Sie vermögen allenfalls den Boden dafür zu bereiten.

Meher Baba

Was die Menschen Wissen nennen, ist die rationalisierte Annahme trügerischer Erscheinungen. Weisheit sieht hinter den Schleier und sieht.

Sri Aurobindo

Es gibt zwei miteinander verbündete Kräfte im Menschen, das Wissen und die Weisheit. Wissen ist gerade so viel von der Wahrheit, wie der Intellekt (*mind*) durch sein Herumtasten in einem verzerrten Medium zu sehen vermag. Weisheit ist das, was das Auge der göttlichen Schau im Geist (*spirit*) sieht.

Sri Aurobindo

Die Naturwissenschaften sind in stärkerem Maße auf Theorie gegründet als wahre Religion«, sagte der Meister. »Die Wissenschaft kann zum Beispiel die äußere Beschaffenheit und das Verhalten des Atoms erforschen. Das Üben der Meditation dagegen führt zum Zustand der Allgegenwart: Der Yogi kann eins mit dem Atom werden.«

Paramahansa Yogananda

Die Rationalisten sind bewundernswerte Wesen, doch ist der Rationalismus ein abscheuliches Monstrum, wenn er die Allmacht für sich in Anspruch nimmt. Dem Verstand Allmacht zuzugestehen, das ist ein ebenso armseliger Akt des Götzendienstes wie das Praktizieren eines Kults der Ahnen und der Steine.

Mahatma Gandhi

Die Neue Menschheit, die in den Wehen des gegenwärtigen Ringens und Leidens geboren wird, wird die Wissenschaft und ihre praktischen Leistungen nicht außer Acht lassen. Es ist ein Irrtum, die Wissenschaft als Widersacherin des Geistes anzusehen. Ob die Wissenschaft das geistliche Leben fördert oder behindert, hängt davon ab, welchen Gebrauch man von ihr macht. Ebenso wie wahre Kunst Ausdruck des Geistigen ist, kann auch die Wissenschaft, wenn richtig gehandhabt, Ausdruck und Erfüllung des Geistes sein. Wissenschaftliche Erkenntnisse über den physischen Körper und sein Leben in der physischen Welt können für die Seele zu einem Instrument der Selbsterkenntnis werden, doch müssen sie, um diesen Zweck zu erfüllen, in angemessener Weise in die umfassendere geistige Einsicht integriert werden. Dies schließt ein unbeirrbares Gewahrsein echter und beständiger Werte ein. Fehlt solche Einsicht, so besteht die Gefahr, dass die wissenschaftlichen Erkenntnisse und Errungenschaften zur gegenseitigen Zerstörung verwendet und einem Leben dienstbar gemacht werden, das die Fesselung des Geistes noch verstärkt.

Der allseitige Fortschritt der Menschheit lässt sich nur dann gewährleisten, wenn Wissenschaft und Religion miteinander voranschreiten.

Meher Baba

Erfahre die Wahrheit der Schriften in deiner Seele. Danach kannst du, wenn du willst, räsonieren und deine Erfahrung intellektuell zum Ausdruck bringen. Doch selbst dann misstraue deiner Aussage, aber misstraue niemals deiner Erfahrung.

Sri Aurobindo

Welche Beziehung besteht zwischen Wunschlosigkeit und Weisheit?

Wunschlosigkeit *ist* Weisheit. Den Geist keinerlei Objekt zuzuwenden bedeutet Wunschlosigkeit. Weisheit ist, ein Objekt gar nicht erst entstehen zu lassen. Mit anderen Worten: Die Weigerung, etwas anderes als das Selbst zu suchen, ist Nichtanhaften oder Wunschlosigkeit; das Selbst gar nicht erst zu verlassen ist Weisheit.

Ramana Maharshi

Nach einem Besuch bei einigen Gelehrten sagte der Meister zu den Jüngern: »Viele Intellektuelle, die die Propheten zitieren, erinnern mich an Schallplatten. Genauso wie ein Apparat Platten mit heiligen Texten ablaufen lässt, ohne deren Bedeutung zu verstehen, so führen viele Gelehrte die Heiligen Schriften im Munde, ohne ihren wahren Sinn zu erfassen. Sie wissen nichts von dem tiefen Gehalt der Schriften, der unser Leben umgestalten kann. Solche Menschen gewinnen durch ihr Lesen keine Erkenntnis, sondern nur eine Kenntnis von Worten. Sie werden stolz und debattieren gern.« … Er fügte hinzu: »Deshalb rate ich euch allen, weniger zu lesen und mehr zu meditieren.«

Paramahansa Yogananda

Inspiration ist ein schmaler Fluss der Helligkeit, der aus einem grenzenlosen und ewigen Wissen entspringt. Sie geht auf vollkommenere Weise über den Verstand hinaus, als der Verstand über die Kenntnis der Sinne hinausgeht.

Sri Aurobindo

Geistige Weisheit ist von Weltweisheit zu unterscheiden, die die Quintessenz weltlicher Konventionen ist. Geistige Weisheit besteht nicht in der fraglosen Übernahme der Normen der Welt. Die weltlichen Normen sind in ihrer überwiegenden Mehrheit das Ergebnis des Handelns materiell gesinnter Menschen. Weltmenschen halten für richtig, was dieser Gesinnung entspricht, und machen es zur Richtschnur für Gleichgesinnte. Deshalb führt das blinde Befolgen von Konventionen schwerlich zu weisem Handeln. Das Leben des Geistes kann nicht ein Leben kritikloser Nachahmung sein. Es muss im Verstehen wahrer Werte gründen.

Meher Baba

Das Zeichen für das Aufdämmern von Wissen ist das Gefühl, dass ich noch sehr wenig oder gar nichts weiß, doch dass ich, wenn ich nur um mein Wissen wüsste, bereits alles besäße.

Sri Aurobindo

Einem intellektuell veranlagten Schüler sagte der Meister: »Glaube nicht, dass du den Unendlichen Gott mit dem Verstand erfassen kannst. Der Verstand kann nur das Prinzip von Ursache und Wirkung begreifen, das für die Welt der Erscheinungen zutrifft. Aber er ist nicht imstande, die transzendente Wahrheit und das Wesen des ursachelosen Absoluten zu verstehen.

Die höchste Fähigkeit des Menschen ist nicht sein Verstand, sondern seine Intuition; sie bezieht ihr Wissen unmittelbar und spontan von der Seele und nicht durch die unzuverlässige Vermittlung der Sinne oder des Verstandes.«

Paramahansa Yogananda

Zwischen den beiden Extremen eines Lebens unter dem Joch der Begierden und eines Lebens gänzlichen Nichtbegehrens gibt es die Möglichkeit eines Lebens, in dem Kopf und Herz miteinander in Einklang sind. Wo solcher Einklang herrscht, werden die Lebensziele nicht vom Intellekt diktiert. Die Rolle des Intellekts beschränkt sich darauf, die Verwirklichung jener Ziele zu fördern, die das Herz angibt. Er legt keinerlei Bedingungen fest, die zu erfüllen wären, bevor sich die Stimme des Herzens im praktischen Leben äußern darf. Mit anderen Worten, der Intellekt gibt seine Richterrolle preis, die er in seinem theoretischen Fragen nach dem Wesen des Universums zu spielen gewohnt war, und akzeptiert fraglos die Gebote des Herzens.

Meher Baba

Der Atman existiert als etwas Körperloses in allen Körpern, ist das Beständige an allem Vergänglichen, großartig und überall vorhanden. Wer dies erkannt hat, ist weise und jammert und leidet nicht.

Nicht durch Vorträge erlangt man diesen Atman. Man kann ihn weder mit dem Verstand erkennen noch durch das Studium der Schriften. Einzig dem, den der Atman selbst auswählt, dem offenbart er sich. Nur der kann ihn erkennen.

Katha-Upanishad

Der Weise soll die Schriften erforschen auf der Suche nach der Erkenntnis.

Aber dann soll er sie alle aufgeben wie die Hülle, die man vom Reis ablöst.

Amritabindu-Upanishad

Ist es sinnvoll, Bücher zu lesen, wenn man nach Befreiung strebt?

Alle Texte sagen dasselbe: Um Befreiung zu erlangen, muss der Geist still werden, entscheidend ist also, dass der Geist zum Schweigen gebracht wird. Wenn dies verstanden worden ist, ist es unsinnig, endlos Bücher zu lesen. Um den Geist still werden zu lassen, braucht man nur das eigene Selbst zu ergründen. Wie könnte dies mithilfe von Büchern geschehen? Man erkennt das Selbst mit dem eigenen Auge der Weisheit. Das Selbst befindet sich innerhalb der fünf Körperhüllen, Bücher befinden sich außerhalb. Da das Selbst nur erforscht und erkannt werden kann, wenn die fünf Hüllen durchdrungen und zurückgelassen werden, ist die Suche in Büchern nutzlos. Es kommt der Zeitpunkt, in dem man alles Gelernte vergessen muss.

Ramana Maharshi

In den Vier Ewigen Vedas,
Im Studium und Rezitation,
In der heiligen Asche und heiligen Schriften
Und im Murmeln von Gebeten
Wirst du Gott nicht finden!
Verschmelze mit dem Innersten Herz
Und verkünde die Wahrheit;
Dann wirst du eins werden mit dem Licht –
Ein Leben ohne Sklaverei.

Shivavakiyar

Die *Gita* der Hindus ist nicht für diejenigen bestimmt, denen es an Glauben mangelt, denn sie singt das Loblied der Erkenntnis, geht jedoch über das bloße intellektuelle Verstehen hinaus. Sie wendet sich im Wesentlichen ans Herz und kann in Wahrheit nur durch das Herz verstanden werden.

Mahatma Gandhi

Was die Seele sieht und erfahren hat, das weiß sie; der Rest ist Erscheinung, Vorurteil und Meinungen.

Sri Aurobindo

religion und spiritualität

Die meisten Menschen haben keine Ahnung vom wahren Sein Gottes und sind deshalb wenig an Ihm interessiert. Andere bekennen sich unter dem Einfluss der Tradition zu dieser oder jener Religion und übernehmen den Glauben an die Existenz Gottes aus ihrer Umgebung. Ihr Glaube ist gerade stark genug, um sie an gewisse Rituale, Zeremonien oder Gebote zu binden, und besitzt selten jene Vitalität, die nötig ist, um eine radikale Änderung der gesamten Einstellung zum Leben herbeizuführen. Wieder andere, die der Philosophie zugetan sind, neigen dazu, entweder aufgrund ihrer eigenen theoretischen Betrachtungen oder aufgrund von Aussagen anderer die Existenz Gottes zu bejahen. Für sie ist Gott bestenfalls eine Hypothese oder eine intellektuelle Vorstellung. Solch lauwarmer Glaube kann an sich allein niemals ausreichen, um jemanden zu einer ernsthaften Suche nach Gott zu bewegen. Menschen dieser Glaubensart kennen Gott nicht aus eigener Erfahrung, und so ist Gott für sie nicht Gegenstand innigen Sehnens oder Strebens.

Meher Baba

Alle Religionen sind grundsätzlich gleich, und wir müssen dieselbe angeborene Achtung vor der Religion der anderen wie vor unserer eigenen empfinden. Gleiche Achtung, das ist mehr als bloß wechselseitige Toleranz. Deshalb kann Bekehrungseifer den Frieden nur daran hindern, sich in der Welt auszubreiten.

Mahatma Gandhi

Wie Flucht oder Bindung an äußere Formen kann auch die Identifikation mit einer bestimmten Klasse, Nation, Doktrin, Sekte, Religion oder Geschlechtsgruppe dazu dienen, das eigene Sonderdasein zu bekräftigen und zu sichern. Hier mag es zwar scheinen, als habe der Einzelne seine separate Existenz zugunsten eines größeren Ganzen aufgegeben, doch in Wirklichkeit dient diese Identifikation oft gerade dem Ausdruck seines Sonderdaseins und erlaubt ihm, in seinem Gefühl der Trennung von anderen, die einer anderen Klasse, Nation, Doktrin, Sekte, Religion oder Geschlechtsgruppe angehören, zu schwelgen.

Meher Baba

Was sind Tempel, sagt es mir!
Und was sind heilige Wasserbecken?
O ihr armen Sklaven,
Die ihr betet in Tempeln und Wasserbecken,
Tempel sind im Geist,
Wasserbecken sind im Geist.
Es gibt kein Werden,
Es gibt kein Entwerden,
Nichts davon, gar nichts!

Shivavakiyar

Die Religion, das ist nicht die formale Religion oder die herkömmliche Religion, sondern jene allen Religionen zugrunde liegende Religion, die uns unserem Schöpfer von Angesicht zu Angesicht gegenüberstellt.

Mahatma Gandhi

Religiöse Bräuche und Zeremonien, ebenso wie die Riten und Gebote der verschiedenen Konfessionen und geistlichen Institutionen, neigen an sich dazu, den Geist der Liebe und Andacht zu fördern. Insofern können sie bis zu einem gewissen Grad beitragen zur Auflösung der Schale des Ich, in der das menschliche Bewusstsein gefangen ist. Doch wenn sie in unintelligenter Weise und mechanisch befolgt werden, versiegt der innere Geist der Liebe und Andacht. Dann bewirken sie statt der Auflösung der Schale des Ich das Gegenteil, nämlich deren Verhärtung.

Riten und Zeremonien vermögen deshalb den Menschen auf dem geistigen Pfad nicht sehr weit zu führen. Werden sie ohne Einsicht befolgt, schaffen sie ebenso viele Bindungen wie jedes andere uneinsichtige Handeln. Aller inneren Lebendigkeit und Bedeutung entblößt, sind sie gewissermaßen noch gefährlicher als andere Formen uneinsichtigen Handelns, weil der Mensch sich ihnen im Glauben hingibt, sie seien der Gottverwirklichung förderlich, während sie es so tatsächlich nicht sind. Aufgrund dieses Elements der Selbsttäuschung werden leblose Formen und Zeremonien zum Abweg, anders gesagt, sie führen ab vom Pfad in eine Sackgasse. Oft lässt sich der Mensch durch die bloße Macht der Gewohnheit so stark an diese äußeren Formen binden, dass nur tiefes Leiden ihn von der irrigen Vorstellung ihres Werts befreien kann.

Meher Baba

O frommer Mensch, wo suchst du mich?
Sieh doch, ich bin dir stets ganz nahe!
Ich bin nicht im Tempel und nicht in der Moschee,
Ich bin weder in der Kaaba noch im Kailash
Und auch in Riten und Zeremonien bin ich nicht zu finden,
Weder im Yoga noch in der Entsagung.
Bist du ein wahrer Suchender, erkennst du mich sofort,
Begegnest mir in einem einzigen Augenblick.

Also spricht Kabir:
O Sadhu, Gott ist der Atem allen Atems!
Kabir

Das begrenzte Ich wird angetrieben vom Prinzip der Selbsterhaltung und neigt dazu, durch jedes Mittel, das ihm nicht verwehrt ist, weiterzuleben und zu wachsen. Wird es in einer Richtung beschnitten, sucht es Kompensation in einer anderen. Wird es durch Ideen und Übungen geistiger Natur gefesselt, so neigt es dazu, sich der Kraft selbst anzuheften, die ins Spiel gebracht wurde, um es zu vertreiben. Versucht ein Mensch beispielsweise, sich in Demut zu üben, um sich von der unerträglichen Last des Ich zu befreien, und hat er dabei Erfolg, so kann sich das Ich mit überraschender Schnelligkeit auf diese Eigenschaft der Demut übertragen. Es nährt sich an wiederholten Selbstbestätigungen wie »Ich bin spirituell«, so wie es in früheren Stadien dasselbe durch Gedanken wie »Ich bin nicht interessiert an Spiritualität« erreichte. Auf diese Weise entsteht das, was man als »spirituelles Ego« bezeichnen könnte, das heißt ein Ich, das seine Getrenntheit nun aufgrund des Erlangens von Dingen fühlt, die als gut und hochgeistig betrachtet werden. Vom wahrhaft spirituellen Gesichtspunkt aber bindet diese Art von Ich ebenso sehr wie das ursprüngliche rohe Ich, das keine solchen Ansprüche erhebt.
Meher Baba

die suche nach gott

Der Mensch befindet sich erst dann in Frieden mit sich selbst, wenn es ihm gelingt, sich auf die Höhe der göttlichen Natur zu erheben. Diesen Zustand zu erreichen ist das allerhöchste Streben, das Einzige, das erstrebenswert ist. Es ist die Verwirklichung des Selbst.

Mahatma Gandhi

So wie sich der an Land geworfene Fisch ins Wasser zurücksehnt, sehnt sich der Mensch, der das Ziel wahrgenommen hat, nach Vereinigung mit Gott. Die Sehnsucht nach Rückkehr zum Ursprung wohnt in jeder Seele, vom ersten Augenblick ihrer Trennung von diesem Ursprung durch den Schleier des Nichtwissens. Doch bleibt dieses Sehnen unbewusst, bis der Suchende schließlich den geistigen Pfad betritt. In einem gewissen Sinn kann man sich an das Nichtwissen gewöhnen, so wie man sich auf einer Bahnfahrt an die Dunkelheit eines Tunnels gewöhnen kann, wenn der Zug einige Zeit durch diesen Tunnel gefahren ist. Doch selbst dann bleibt ein Unbehagen, eine unterschwellige und undefinierbare Unrast, die von dem Gefühl herrührt, dass etwas fehlt. Dieses Etwas wird von Anbeginn als höchst bedeutsam empfunden. In den Stadien dunkelster Unwissenheit wird es meist unwillkürlich mit irgendwelchen Dingen der irdischen Welt gleichgesetzt.

Erreicht die Erfahrung dieser Welt aber eine gewisse Reife, bringen die wiederholten Enttäuschungen des Lebens den Menschen von selbst auf die richtige Spur dessen, was fehlt. Von diesem Augenblick an sucht er eine Wirklichkeit, die tiefer ist als wechselhafte Formen. Man kann diesen Augenblick treffend als die erste Initiation des Suchenden bezeichnen. Das Sehnen des Individuums nach der Quelle, von der es getrennt worden ist, wird nun deutlich und eindringlich. Geradeso wie den Reisenden im Zug ein dringenderes Verlangen nach Licht ergreift, sobald er den ersten Schimmer des Tunnelendes wahrgenommen hat, ergreift den Suchenden, der einen Blick auf das Ziel erhascht hat, ein unwiderstehlicher Drang, ihm mit aller verfügbaren Kraft zuzueilen.

Meher Baba

Der Wahrheitssucher muss alle seine Ängste überwinden. Er muss bereit sein, all seine Habe der Suche nach der Wahrheit zu opfern. Er darf nicht von dem Weg abweichen, der sich ihm öffnet, nur weil er die Missbilligung der anderen fürchtet.

Mahatma Gandhi

Hoffe auf ihn, mein Freund, solange du noch lebst.
Erkenne ihn, solange du noch lebst!
Begreife, du, solange du noch lebst.
Was du »Erlösung« nennst, musst du im Leben finden.
Wenn du deine Bande nicht zerreißt, solange du noch lebst,
Welche Befreiung glaubst du denn
Im Tod zu finden?
Die Vorstellung, die Seele werde sich mit ihm verbinden,
Weil sie diesen Körper verlassen hat –
Ist bloß ein leerer Traum.
Was du jetzt findest, wirst du auch hiernach finden.
Und wenn du jetzt nichts findest,
Wirst du in einem Haus der Stadt des Todes enden.
Wenn du dich jetzt in Liebe mit dem Göttlichen vereinst,
Wirst du auch hiernach die Vereinigung erfahren.

Tauche ein in die Wahrheit, lerne den wahren Guru kennen
Und vertraue auf den wahren Namen!

So spricht Kabir:
Es ist der Geist des Suchens, der dir hilft.
Ich bin ein Sklave des Geistes der Suche.
Kabir

Die höchste Suche ist die Suche nach Gott. Man findet Gott allerdings weder in den Tempeln noch in anderen von Menschen errichteten Kultstätten oder indem man einfach verschiedene Formen der Enthaltsamkeit ausübt. Es ist vielmehr die Liebe, durch die man Gott finden kann.
Mahatma Gandhi

Was soll ich tun, Sir, um Gott zu finden?«, fragte ein Schüler. Der Meister sagte:

»Vertiefe dich während jeder freien Minute in den unergründlichen Gedanken an ihn. Sprich zu ihm wie zu einem innigen Vertrauten. Er ist der Nächste der Nächsten, der Liebste der Lieben. Liebe ihn wie ein Geizhals sein Geld, wie ein feuriger Liebhaber seine Geliebte, wie ein Ertrinkender die Luft. Wenn du dich derart nach Gott sehnst, wird er zu dir kommen.«
Paramahansa Yogananda

Alle üblichen Tröstungen haben den Suchenden verlassen, und dennoch weigert sich seine innere Stimme, sich mit der Folgerung abzufinden, das Leben entbehre jeden Sinns. Wenn er nicht eine verborgene Wirklichkeit postuliert, der er bis dahin nicht begegnet ist, dann gibt es überhaupt nichts, wofür es sich zu leben lohnt. Er sieht nur zwei Möglichkeiten: Entweder gibt es jene verborgene geistige Wirklichkeit, die die Propheten als Gott bezeichnet haben, oder alles ist sinnlos. Die zweite Möglichkeit ist für die gesamte menschliche Persönlichkeit schlechthin unannehmbar, deshalb muss er die erste Möglichkeit erkunden. So wendet sich der Mensch Gott zu, wenn er in seinem weltlichen Dasein in die Enge getrieben ist.

Meher Baba

Die trägen Faulpelze,
Sie behaupten:
Er ist weit, weit, weit entfernt!
Doch das Höchste Wesen
Breitet sich überall aus,
Auf Erden und im Himmel.
O ihr armen Toren,
die ihr umherrennt,
betört und leidend,
durch Städte, Felder und Wälder
auf der Suche!
Er ist doch eben dort,
In euch!
Steht doch still
Und fühlt Ihn,
Fühlt!

Shivavakiyar

Je weiter der Suchende dieses intelligente und zielgerichtete Experiment mit seinem eigenen Leben vorantreibt, desto tiefer wird sein Verständnis des wahren Sinns des Daseins. Durch die vollständige Wandlung seines Inneren gelangt er letztlich zur Wahrnehmung des Lebens, so wie es ist – in seiner wirklichen Bedeutung. In der klaren und ruhigen Schau des wahren Wesens und Werts des Lebens erkennt er, dass Gott, den er so verzweifelt suchte, kein Fremdling ist, keine verborgene und außen stehende Wesenheit. Er ist die Wirklichkeit selbst und nicht eine Hypothese. Er ist die mit ungetrübtem Blick geschaute Wirklichkeit, von der er selbst ein Teil ist und in der er von jeher sein ganzes Wesen hatte, mit der er in Wahrheit identisch ist.

So findet er, der ausgezogen war, ein völlig Neues zu suchen, in Wahrheit zu einem neuen Verstehen eines Uralten. Die geistige Reise besteht nicht darin, an einen neuen Ort zu gelangen, wo der Wanderer gewinnt, was er nicht hatte, oder wird, was er nicht war. Sie besteht in der Auflösung seines Nichtwissens um sich selbst und das Leben und im allmählichen Reifen einer Einsicht, die mit dem geistigen Erwachen beginnt. Das Finden Gottes ist ein Kommen zum eigenen wahren Selbst.

Meher Baba

Wir finden Gott nur, wen wir ihn in der Schöpfung entdecken und uns mit ihr identifizieren; das kann man nur tun, wenn man sich in den Dienst an allen stellt. Denn als kleines Teilchen der Schöpfung Gottes könnte ich ihn nicht finden, wenn ich mich vom Rest der Menschheit absonderte.

Mahatma Gandhi

marga –
der pfad spiritueller schulung

Den Dingen geht der Geist voran; der Geist entscheidet:
Kommt aus getrübtem Geist dein Wort und dein Betragen,
So folgt dir Unheil, wie dem Zugtier folgt der Wagen.

Den Dingen geht der Geist voran; der Geist entscheidet:
Entspringen reinem Geist dein Wort und deine Taten,
folgt das Glück dir nach, unfehlbar wie dein Schatten.
Gautama Buddha

Das Gefühl der Trennung ist die Folge falscher Vorstellungen. Um aus diesem selbst geschaffenen Gefühl der Trennung ausbrechen und mit der Wirklichkeit eins werden zu können, muss zunächst die irreführende Wirkung der Vorstellungen rückgängig gemacht werden. Die Befreiung von allen Vorstellungen lässt sich mit dem Erwachen aus dem Tiefschlaf vergleichen. Die verschiedenen Phasen der Befreiung von falschen Vorstellungen entsprechen in diesem Vergleich den Träumen, die oft als Brücke zwischen Tiefschlaf und Wachzustand dienen. Die Befreiung vom mannigfaltigen Wirken falscher Vorstellungen ist ein allmählicher Vorgang, bei dem man sieben Phasen oder Stufen unterscheidet. Das Ablegen einer Schicht des Schleiers falscher Vorstellungen ist entschieden ein Fortschritt zum Licht und zur Wahrheit hin, doch bedeutet es noch nicht Einswerden mit der Wirklichkeit. Es bedeutet bloß eine Preisgabe des Falscheren zugunsten des weniger Falschen. Es gibt verschiedene Grade der Falschheit von Vorstellungen, und sie entsprechen den verschiedenen Graden des Gefühls der Trennung,

das aus dem Ichbewusstsein erwächst. Jede Phase des Vorgangs der Befreiung von falschen Vorstellungen bringt eine deutliche Minderung des Ich. Doch alle diese Fortschritte auf dem Pfad, alle Zwischenstufen vor der endgültigen Verwirklichung des Ziels, sind bloß das Verlassen einer Vorstellungsebene zugunsten einer anderen. Sie bedeuten nicht das Ausräumen von Vorstellungen an sich.
Meher Baba

Spirituelle Verwirklichung ist das höchste Glück, das man erreichen kann, und daher ist der Preis, den du dafür zahlen musst, auch sehr hoch ... Nach spiritueller Vollkommenheit zu streben bedeutet, zu sterben und wieder geboren zu werden.
Mata Amritanandamayi

Das Durchschreiten dieser aufeinander folgenden Vorstellungsebenen bringt keine wirkliche Veränderung des wahren Selbst. Was sich ändert, ist nicht das Selbst an sich, sondern seine Vorstellung von sich selbst. Angenommen, du stellst dir in einem Tagtraum oder Gedankenflug vor, in China zu sein, während dein Körper tatsächlich in Indien ist. Endet der Gedankenflug, erkennst du, dass dein Körper nicht in China ist, sondern in Indien. Vom subjektiven Gesichtspunkt ist diese Erkenntnis wie eine Rückkehr von China nach Indien. In ähnlichem Sinne kann die allmähliche Lösung von der Identifikation mit dem physischen Körper und das allmählich klarere Wahrnehmen der Allseele gleichgesetzt werden mit dem Durchschreiten eines Pfads. Tatsächlich aber sind die verschiedenen Stufen dieses Pfads alle gleichermaßen ein Produkt der Vorstellung.
Meher Baba

Ohne Yoga ist die Entsagung schwer zu erlangen; der Weise, der sich des Yoga befleißigt, erlangt das Absolute bald.
Bhagavad-Gita

Die sechs Stufen des Aufstiegs zur Verwirklichung liegen mithin alle im Bereich der Vorstellung, doch auf jeder Stufe ist die Minderung des Gefühls von Trennung so stark und die Wahrnehmung eines Aufgehens in der umfassenderen Wirklichkeit so deutlich, dass der Suchende oft ein trügerisches Gefühl von Verwirklichung hat. Es ergeht ihm wie einem Wanderer, der unterwegs ist zu einem Berggipfel und plötzlich ein herrliches Tal entdeckt, dessen Anblick ihn so sehr in Bann zieht, dass er sein eigentliches Ziel einstweilen vergisst und sich an seinen Bestimmungsort gelangt wähnt. So neigt auch der Suchende dazu, die Zwischenstation für das Ziel selbst zu halten. Der Wanderer aber, dem es mit dem Bergsteigen wirklich ernst ist, erkennt nach einer Weile, dass das Tal durchquert werden muss, und ebenso erkennt der Suchende früher oder später, dass die Zwischenstufen überschritten werden müssen. Das trügerische Gefühl von Verwirklichung, das sich auf den Zwischenstufen einstellt, ist wie der Traum des Schläfers, er sei erwacht, obwohl er tatsächlich immer noch schläft. Nach dem tatsächlichen Erwachen erkennt er, dass sein erstes Gefühl von Erwachen in Wirklichkeit nur ein Traum war.
Meher Baba

Ebenso wie eine Versuchsbeschreibung bei der Durchführung eines wissenschaftlichen Experimentes unentbehrlich ist, ist das Einhalten einer strengen Disziplin erforderlich, wenn man im spirituellen Bereich experimentieren will.
Mahatma Gandhi

Der Mensch hat stets die Wahl zwischen dem Angenehmeren und dem Besseren. Wenn er weise ist, trifft er die rechte Entscheidung und zieht das Bessere dem Angenehmeren vor. Ist er aber töricht, dann entscheidet er sich für das Angenehmere, für Reichtum und Sicherheit.

Katha-Upanishad

Nur die auf dieser Erde seltenen wahren Gläubigen verstehen die direkte Sprache des Herzens. Aber Gott wohnt von sich aus im Herzen derjenigen, die ihresgleichen dienen. Deshalb ist die Religion des Dienens die beste Lehre.

Mahatma Gandhi

Wer seine Sinne im Zaum hält, wer mit gezügelten Sinnen, die frei von Anhänglichkeit und Abneigung sind, unter den Sinnesobjekten umhergeht, dieser Mensch erlangt die Lauterkeit des Geistes.

Und in dieser Lauterkeit des Geistes wird ihm das Ende allen Kummers bereitet. Der Verstand eines solchen Mannes von lauterem Geiste ist bald gefestigt (in dem Frieden des Selbst).

Bhagavad-Gita

Der Geist ist schwerer zu beherrschen als der Wind. Dennoch macht die Gegenwart Gottes in uns diese Beherrschung möglich. Wir sollten das also nicht für unmöglich halten, nur weil es schwierig ist. Es ist vielmehr das höchste Ziel. Darum ist es nicht erstaunlich, dass es größter Anstrengungen bedarf, es zu erreichen.

Mahatma Gandhi

Nicht Ruhe findet, wer ein Reich erringt,
Es aufzugeben keinen Frieden bringt,
Frei von Begierde stirbt die Seele nie,
Nur wenn sie lebend stirbt, ist wissend sie.

Lalla

Das Ich ist der Mittelpunkt allen menschlichen Tuns. Seine Versuche, die Auslöschung herbeizuführen, lassen sich mit dem Versuch eines Menschen vergleichen, auf seine eigenen Schultern zu klettern. So wie das Auge sich nicht selbst sehen kann, vermag das Ich nicht, seinem Dasein ein Ende zu bereiten. Alles, was es unternimmt, um seine eigene Vernichtung zustande zu bringen, bewirkt bloß eine weitere Stärkung seines Daseins. Gerade aus der Anstrengung, sich selbst zu vernichten, bezieht es ständig neue Nahrung. So ist es nicht in der Lage, sich durch sein verzweifeltes Bemühen gänzlich zum Verschwinden zu bringen, auch wenn es ihm gelingt, seine Natur zu verändern. Das Verschwinden des Ich kommt zustande durch die Auflösung des begrenzten Gemüts, in dem es seinen Sitz hat.

Meher Baba

Der Weg zur Freiheit ist so schmal wie die Schneide eines Messers und dazu lang, schwer und mühselig. So haben es die Weisen wieder und immer wieder bekundet. Doch lasse dich weder von Schwäche noch Misserfolgen fesseln. Die Upanischaden sagen: »Stehe auf, erwache und halte nicht inne, bis du das Ziel erreicht hast!« Dann werden wir den Pfad gewiss finden. Der Mensch wird dann Herr sein über Götter und Dämonen.

Swami Vivekananda

Wer ohne Zucht ist, hat keinen Verstand, und wer ohne Zucht ist, hat auch kein Versenkungsvermögen. Wer ohne Versenkungsvermögen ist, findet keinen Frieden. Und wie könnte es für einen, der keinen Frieden hat, Freude geben?

Wenn der Geist den schwärmenden Sinnen nachläuft, zieht er den Verstand mit sich fort, wie der Wind ein Schiff auf dem Wasser mit sich fortzieht.

Wer darum seine Sinnesorgane allerseits von ihren Sinnesobjekten zurückhält, dessen Verstand ist fest gegründet.

Was für alle Wesen Nacht ist, ist Wachezeit für die gezügelte Seele. Und was für alle Wesen Wachezeit ist, ist Nacht für den Seher, der sieht.

Bhagavad-Gita

Wer seinen schlechten Lebenswandel nicht aufgibt, wer unzufrieden und unkonzentriert ist und seine Gedanken nicht unter Kontrolle hat, der kann den Atman nicht erkennen.

Katha-Upanishad

Intelligente Wahl und standhaftes Festhalten daran ist fortwährend und in *allen* Angelegenheiten notwendig, in kleinen ebenso wie in großen, denn die alltäglichen Sorgen des Daseins sind in keiner Weise weniger wichtig als die ernsten Probleme, denen sich das Gemüt in Krisenzeiten gegenübersieht. Die Wurzeln mentalen Konflikts lassen sich nicht vollständig beseitigen, solange richtiges und standhaftes Werten nur zeitweilig geübt wird. Spontanes Leben nach wahren Werten ist erst dann möglich, wenn sich das Gemüt so weit umgestellt hat, dass es in allen Belangen richtig wertet. Drei Viertel des Lebens bestehen aus alltäglichen Dingen, und auch wenn Konflikte in diesem Bereich dem Gemüt nicht allzu leidvoll erscheinen, hinterlassen sie doch ein Unbehagen, ein Gefühl, dass etwas nicht stimmt. Die Konflikte, die aus alltäglichen Dingen erwachsen, treten meist nicht einmal an die Oberfläche des Bewusstseins, sondern werfen bloß einen undeutlich wahrgenommenen bedrückenden Schatten auf das allgemeine Lebensgefühl. Derartige Konflikte muss man an die Oberfläche des Bewusstseins bringen und sich ihnen offen stellen, bevor sie in angemessener Weise gelöst werden können.

Meher Baba

Ein Schüler gab sich einer unablässigen Selbsterforschung hin und suchte ständig nach Zeichen geistigen Fortschritts. Der Meister sagte ihm:

»Wenn du einen Samen eingepflanzt hast und ihn dann täglich ausgräbst, um nachzusehen, ob er gewachsen ist, wird er nie Wurzeln schlagen. Gib ihm die richtige Pflege, aber sei nicht neugierig!«

Paramahansa Yogananda

Das Ziel aller Religionen ist dasselbe, nur die Ausdrucksweise der einzelnen Lehrer ist verschieden. Die Forderung ist, das falsche Ich abzutöten, auf dass das wahre Ich, Gott, herrsche. »Ich, der Herr, dein Gott, bin ein eifriger Gott, du sollst nicht andere Götter haben neben mir«, sagen die hebräischen Schriften. Gott allein muss uns erfüllen. Wir müssen sagen: »Nicht ich, sondern du!« Und schließlich sollten wir uns von allem lösen und in Gott eingehen … Unser verräterischer Geist lehnt sich fortwährend dagegen auf. Dennoch müssen wir es uns wieder und immer wieder vor Augen halten, wenn wir das niedere Selbst besiegen wollen. Wir können nicht zugleich einem Verräter und Gott dienen. Für alle gibt es Erlösung, nur für den Verräter nicht. Und wir sind Verräter gegen unser eigenes Selbst, wenn wir der Stimme unseres höheren Selbstes nicht gehorchen. Komme, was wolle, wir müssen unseren Kör-

per und Geist dem Höchsten übergeben. »Dein Wille geschehe, wie im Himmel so auch auf Erden. Denn dein ist das Reich und die Kraft und die Herrlichkeit in Ewigkeit.«
Swami Vivekananda

Mit Ernst und Eifer schafft der Weise, wohl gezähmt,
Für sich ein Eiland, das die Flut nicht überschwemmt.
Gautama Buddha

Nur durch die vollkommene Aufgabe des Begehrens oder durch die vollkommene Befriedigung des Begehrens lässt sich die totale Umarmung durch Gott erfahren; denn auf beiden Wegen wird die wesentliche Voraussetzung erfüllt – das Begehren erlischt.
Sri Aurobindo

Jeden Wunsch vernichten – sein Ich überwinden – das klingt alles sehr negativ, Meister«, bemerkte ein Schüler. »Wenn ich so viel aufgebe, was bleibt mir dann noch übrig?«

»In der Tat alles, weil du dann reich im GEIST, der alles enthaltenden Substanz, bist«, erwiderte der Meister. »Dann bist du kein umherirrender Bettler mehr, der sich mit einem Stück Brot und ein paar körperlichen Bequemlichkeiten zufrieden gibt, sondern nimmst wieder die erhabene Stellung ein, die einem Sohn des Unendlichen Vaters zusteht. Das ist durchaus kein negativer Zustand.«

Und er fügte hinzu: »Wer das kleine Ich überwindet, bringt sein wahres Selbst zum Leuchten. Man kann den Zustand göttlicher Verwirklichung unmöglich erklären, denn er lässt sich mit nichts anderem vergleichen.«
Paramahansa Yogananda

Wenn die Zeit reif ist, vollzieht sich der Fortschritt eines Individuums zur Erkenntnis seines wahren Selbst auf ebenso natürliche Weise wie die Entwicklung des kindlichen Körpers zur erwachsenen Form. Das Wachstum des physischen Körpers geschieht aufgrund der Wirkung von Naturgesetzen, und das Heranreifen des Suchenden zur Selbsterkenntnis geschieht aufgrund der Wirkung von geistigen Gesetzen, die die Wandlung und Befreiung des Bewusstseins betreffen. Der physische Körper des Kindes wächst allmählich und fast unmerklich, und dasselbe gilt auch für die geistige Reifung eines Menschen, nachdem er den inneren Pfad einmal betreten hat. Das Kind weiß nicht, wie sein Körper wächst, und ebenso weiß auch der Suchende nicht um das Gesetz, kraft dessen er zum Ziel seiner geistigen Wanderung fortschreitet. Im Allgemeinen gewahrt er nur die Veränderungen in seinem Verhalten im täglichen Leben, nicht aber die Art und Weise, wie er sich der Selbsterkenntnis nähert.

Ohne dies bewusst wahrzunehmen, nähert sich der Suchende der Selbsterkenntnis nach und nach, indem er den inneren Weg geht durch seine Freuden und Leiden, seine Erfahrungen von Glück und Unglück, seine Erfolge und Misserfolge, seine Anstrengungen und Ruhepausen, durch Augenblicke der Klarsicht und des einmütigen Wollens ebenso wie durch Augenblicke der Verwirrung und des Konflikts. Alle diese Situationen sind Ausdruck der verschiedenen Sanskaras [Prägungen], die er aus der Vergangenheit mitgebracht hat. Der Suchende bahnt sich seinen Weg zur Selbsterkenntnis durch das Gewirr dieser Sanskaras wie ein Wanderer, der sich durch das Dickicht eines Urwaldes schlägt.

Meher Baba

Sir, werde ich jemals den geistigen Weg aufgeben?«, fragte ein Schüler, der von Zweifeln geplagt wurde.

Der Meister antwortete: »Wie könntest du? Jeder Mensch auf der Welt befindet sich auf dem geistigen Weg.«

Paramahansa Yogananda

Der Weg der Wahrheit ist wie der der Gewaltlosigkeit – ebenso eng wie geradlinig. Es ist als balancierte man auf der Schneide eines Degens. Ein Akrobat kann auf einem straff gespannten Seil gehen, indem er sich konzentriert. Doch ist die für das Vorankommen auf dem Weg der Wahrheit erforderliche Konzentration noch viel größer. Die kleinste Unaufmerksamkeit kann den Sturz bewirken. Die Wahrheit erkennt man nur durch ständiges Bemühen.

Mahatma Gandhi

Schüler und Meister

Nur wenige hören etwas von der Wahrheit, und selbst von denen erkennen die meisten sie nicht. Es ist wie ein Wunder, wenn ein wahrheitskundiger Lehrer sie einem vermittelt, und es gleicht ebenfalls einem Wunder, wenn man diese Wahrheit selbst erkennt.

Verkündet ein ganz gewöhnlicher Mensch diese Wahrheit, so kann man sie, den Atman nämlich, nicht leicht erkennen, auch dann nicht, wenn man lange nachsinnt. Und ohne einen Lehrer findet man dazu überhaupt keinen Zugang. Denn der Atman ist zu subtil, als dass man ihn durch eigenes Nachdenken erfassen könnte.

Diese Erkenntnis gewinnt man nicht durch logisches Denken, sondern nur durch die Unterweisung eines anderen.

Katha-Upanishad

Die Kluft zwischen dem begrenzten Bewusstsein des gewöhnlichen Menschen und dem unbegrenzten Bewusstsein eines Vollkommenen Meisters rührt von den Sanskaras [Prägungen] her, die Selbstsucht erzeugen. Diese Prägungen können aufgehoben werden durch Läuterung des Charakters, Aufopferung und selbstloses Dienen, doch nichts ist in dieser Hinsicht so wirksam wie der Beistand eines Vollkommenen Meisters. Geistiger Fortschritt besteht nicht in einer *Weiterentwicklung* des Bewusstseins, denn dieses ist im Menschen bereits voll entwickelt, sondern in der *Befreiung des Bewusstseins* von den Fesseln der Sanskaras. Obwohl das Bewusstsein seinem Wesen nach in allen Seinszuständen dasselbe ist, kann es niemals vollendet sein, solange es unfähig ist, das Wissen des Unendlichen ohne den geringsten Schatten von Nichtwissen wider-

zuspiegeln und durch Beleuchtung aller Daseinssphären die Schöpfung in ihrem ganzen Ausmaß zu erfassen.
Meher Baba

Man bezeichnet nur denjenigen als Inkarnation [des Göttlichen], der der Menschheit irgendeinen außergewöhnlichen Dienst erwiesen hat, jemanden, der sich in seinem Verhalten als der Religiöseste erwiesen hat. Und dieser Geist ist es, der Krishna den Status der vollkommensten Inkarnation des Hinduismus verleiht.
Mahatma Gandhi

In den meisten Fällen sucht der Suchende erst dann die Hilfe eines Meisters, wenn er nicht mehr umhinkann, die Nichtigkeit all seiner Bemühungen einzusehen. Aus eigener Kraft gelingt ihm kein entscheidender Fortschritt auf das Ziel hin, das er undeutlich wahrnimmt und tastend sucht. Das hartnäckige Fortdauern des Ich bringt ihn zur Verzweiflung, und in dieser klaren Erkenntnis seiner eigenen Hilflosigkeit gibt er sich dem Meister als seiner letzten und einzigen Zuflucht hin.
Meher Baba

Dem Weisen folg' wie einem Mann, der Schätze findet,
Wenn er dich tadelt und dir deine Fehler kündet;
Mit einem, der dich fördert, bist du dann verbündet.

Er unterweise dich und rate dir zum Rechten!
Den Guten ist er lieb und ist verhasst den Schlechten.
Gautama Buddha

Erachtet der Meister den Jünger als hinreichend gefestigt auf dem Pfad, setzt er alles daran, um sein Gemüt von allen Makeln zu befreien. Er nimmt dabei in Kauf, dass die Weise, auf die er dies erreicht, oft rücksichtslos erscheinen mag, geradeso wie ein Chirurg sein Skalpell führt, ohne auf die Proteste des Patienten zu achten. Letztlich kann der Jünger nicht umhin einzusehen, dass alle diese Maßnahmen in Wirklichkeit zu seinem Besten sind. Deshalb wird er durch den Vorgang der Reinigung nicht weggetrieben vom Meister, sondern vielmehr näher zu ihm gezogen, auch wenn ihm dieser Vorgang lästig oder schmerzhaft erscheinen mag.

Meher Baba

Das Leiden und die Probleme, die man im Leben eines Menschen beobachtet, der versucht ein wahrer Schüler oder Adept zu werden, beschleunigen tatsächlich dessen Reifungsprozess.

Mata Amritanandamayi

Vorbehaltlose und absolute Treue zum Meister wird möglich durch richtiges Verstehen dessen, was der Meister ist und wofür er in Wirklichkeit steht. Wenn der Jünger den wahren Stand und die Rolle des Meisters nur unzulänglich erfasst, neigt er dazu, einen Widerspruch zwischen dem eigenen höheren Selbst und dem Meister zu sehen. Als Folge dieses vorgestellten Widerspruchs mag es in seinem Gemüt zu einem künstlichen Konflikt kommen zwischen den Forderungen des Meisters und anderen Forderungen, die ihm gerechtfertigt erscheinen.

Ein Jünger sollte indessen von vornherein einsehen, dass der Meister von ihm nur eines verlangt, nämlich die Verwirklichung seines eigenen wahren Selbst. Der Meister macht dem Jünger dessen eigenes wahres Selbst anschaubar, denn er ist nichts anderes als dieses wahre Selbst, das dieselbe eine Wirklichkeit in allen ist. Des-

halb ist das Bekenntnis zum Meister nur eine andere Form des Bekenntnisses zum eigenen wahren Selbst.
Meher Baba

Ein Tor, der lebenslang verkehrt mit einem Weisen,
Schmeckt nichts von Wahrheit, wie der Löffel von den Speisen.

Ein Kluger, der nur kurz verkehrt mit einem Weisen,
Schmeckt schnell die Wahrheit, wie die Zunge schmeckt die Speisen.
Gautama Buddha

Vollständige Hingabe und vorbehaltlose Liebe werden möglich, wenn der Jünger zum unerschütterlichen Glauben an den Meister kommt. Glaube an den Meister ist ein unerlässlicher Bestandteil wahrer Jüngerschaft. Hat man Gott jedoch verwirklicht, so ist das nicht mehr eine Sache des Glaubens, ebenso wenig wie ein Mensch, der weiß, dass er ein Mensch ist, daran glauben muss. Doch bis dieser Zustand der Verwirklichung erreicht ist, bleibt Glaube an den Meister das zuverlässigste Leitlicht des Jüngers und erfüllt eine ähnliche Funktion wie das Ruder eines Schiffes. Es ist falsch, Glauben als blind zu bezeichnen, denn Glaube ist dem Sehen ähnlicher als bloßem Nichtwissen, doch entbehrt er zwangsläufig der unmittelbaren Erfahrung. Diese wird erst möglich, wenn der Jünger selbst die Verwirklichung erlangt.

Es ist kein Zufall, dass alle Religionen als »Glauben« bezeichnet werden. Glaube gehört zu den wichtigsten Dingen im Leben eines Suchenden. Er kann sich in verschiedenen Formen ausdrücken, doch vom Gesichtspunkt der inneren Wirkung sind alle diese Formen ein und dasselbe und lassen sich nicht verschieden etikettieren. Der einzige Unterschied im Glauben ist ein Unterschied der

Intensität. Glaube kann stark und lebendig sein, oder schwach und lau. Ein schwacher und lauer Glaube führt den Menschen nicht weiter als bis zur Teilnahme an Ritualen und Zeremonien, doch ein starker und lebendiger Glaube trägt den Suchenden unweigerlich über die äußeren Formen der Religion hinaus und hilft ihm, durch die Schale zum Kern wahren Geisteslebens vorzudringen. Der Glaube des Suchenden erreicht seinen natürlichen Höhepunkt und seine Bestimmung, wenn er in dessen Meister zu ruhen kommt.

Meher Baba

Frage: Welcher Schüler ist der beste?

Wer sich dem Selbst, das mit Gott identisch ist, überantwortet, ist der wahre Schüler. Sich Gott ergeben heißt, fortwährend im Selbst zu sein und keinem anderen Gedanken Raum zu lassen.

Welche Last auch immer Gott aufgebürdet wird, er trägt sie. Da es Gott selbst ist, dessen Kraft jedes Geschehen ermöglicht – welchen Sinn hat es, sich ihm nicht zu überantworten und sich stattdessen fortwährend um das eigene Tun und Lassen zu sorgen? Es ist der Zug, der die Ladung trägt; welchen Sinn sollte es haben, während der Fahrt das Gepäck auf dem Kopf zu behalten, anstatt es abzulegen und bequem zu reisen?

Ramana Maharshi

O ihr Narren, was soll nur dieses Eingenommensein
Von den Gedanken an Wohlstand und Reichtümer?
Ist denn da niemand, der euch führen kann?
Es gibt in den drei Welten nur eine einzige Sache,
Die aus dem Ozean des Leidens euch erretten kann:
Steigt schnell in das Boot der Gemeinschaft mit den Heiligen.

Shankaracharya

Die volle Bedeutung des Darshan (Anblicks) eines Vollkommenen Meisters erschließt sich dem Suchenden erst im Licht der Vorgänge, die dadurch auf den inneren Bewusstseinsebenen ausgelöst werden. Die alten Rishis oder Weisen maßen dem Darshan von Heiligen und Vollkommenen Meistern große Bedeutung bei, weil von diesen ein ununterbrochener Strom von Liebe und Licht ausgeht, der das innere Wesen des Suchenden unwiderstehlich inspiriert, selbst wenn er von ihnen keine verbale Unterweisung erhält.

Meher Baba

Steht auf! Wacht auf! Wenn ihr einen vollendeten Lehrer gefunden habt, dann hört auf ihn und lernt von ihm. Die Heiligen sagen: Wie auf Messers Schneide, so schwierig ist es, auf diesem Weg zu gehen.

Katha-Upanishad

Will der Suchende rasch vorwärts kommen und aus der Hilfe des Meisters möglichst großen Nutzen ziehen, so muss er ein festes, unerschütterliches Vertrauen in sich selbst und in den Meister entwickeln. Er darf nicht bei anderen Rat suchen, denn es gibt nur sehr wenige, die fähig sind, seine Probleme und Erfahrungen wirklich zu verstehen. Der Suchende muss in der Tat bereit sein, die Möglichkeit ins Auge zufassen, dass er von keinem seiner Freunde oder Angehörigen ganz verstanden wird, weil sie in Bezug auf die Ursachen seines Denkens und Handelns im Dunkeln tappen.

Meher Baba

Siddhis – okkulte Erfahrungen und übernatürliche Kräfte

Die Bedeutung okkulter Erfahrungen wird meist überschätzt. Es kommt aber auch oft vor, dass man ihre Gültigkeit in Zweifel zieht und sie mit jener Verachtung behandelt, die man im Allgemeinen mentalen Abirrungen und Anomalien aller Art entgegenbringt. Eine solche Haltung uneingeschränkter Verachtung ist bei jenen am ausgeprägtesten, die selbst keinerlei unmittelbares Wissen vom Okkulten haben. Es schmerzt das Ich, zugeben zu müssen, dass es möglicherweise weite unerforschte Bereiche des Universums gibt, die nur einer begrenzten Zahl von Menschen zugänglich sind und von denen man sich selbst ausgeschlossen findet. Die unverdiente Geringschätzung, die dem Okkulten zuweilen entgegengebracht wird, ist fast immer das Resultat gänzlicher Unwissenheit hinsichtlich seiner wahren Bedeutung. Solche Verachtung ist etwas anderes als eine vorsichtige und kritische Haltung. Wer innerlich demütig und offen ist, nähert sich dem Okkulten behutsam und fragend und ist bereit, okkulte Gegebenheiten anzuerkennen und sie hinzunehmen, wenn sie sich äußern.

Meher Baba

Still zu bleiben ist Kenntnis der Weisheit. Still zu bleiben heißt, den Geist [das Gemüt] im Selbst aufzulösen. Gedankenlesen, Wahrsagen oder Hellsehen bewirken keine Weisheitskenntnis.

Ramana Maharshi

Die meisten Menschen messen okkulten Phänomenen bewusst oder unbewusst ungebührliche Bedeutung bei und missverstehen sie als Spiritualität. Für sie sind Wunder und Phänomene der Geisterwelt das, was eigentliche und größte Aufmerksamkeit verdient, und deshalb betrachten sie die Beschäftigung mit solchen Dingen als Beweis für ein Interesse am wahren geistlichen Leben. Es besteht jedoch ein sehr klarer und eindeutiger Unterschied zwischen Okkultismus und Mystik, zwischen Spiritismus und Spiritualität, und wer die volle Tragweite dieses Unterschieds nicht erfasst, geht unweigerlich in die Irre.

Meher Baba

An langen Sommerabenden pfegte der Meister oft mit seinen Jüngern auf der Terrasse der Einsiedlei von Encinatas zu sitzen und geistige Gespräche zu führen. Bei einer solchen Gelegenheit kamen sie auf Wunder zu sprechen und der Meister sagte: »Die meisten Menschen sind an Wundern interessiert und möchten gern welche mit eigenen Augen sehen. Doch mein Meister Sri Yukteswarji, der alle Naturkräfte beherrschte, hatte sehr strenge Ansichten darüber. Bevor ich Indien verließ, um in Amerika Vorträge zu halten, sagte er mir: ›Erwecke in den Menschen die Liebe zu Gott. Ziehe sie nicht dadurch an, dass du übernatürliche Kräfte zur Schau stellst.‹

Wenn ich durchs Feuer schritte oder auf dem Wasser wandelte und die Vortragssäle des ganzen Landes mit Sensationssuchern füllte, was wäre damit gewonnen? Schaut euch die Sterne, die Wolken und das Meer an; seht die Tautropfen im Gras. Lässt sich irgendein von Menschen vollbrachtes Wunder mit diesen im Grunde unerklärbaren Erscheinungen vergleichen? Dennoch werden nur wenige Menschen durch die Natur dazu bewogen, Gott – das größte aller Wunder – zu lieben.«

Paramahansa Yogananda

Man soll nicht versuchen, eine Kommunikation mit dem Geist der Toten herzustellen. Nicht, dass man nicht an die Möglichkeit einer solchen Kommunikation glauben sollte. Doch ist sie als Produkt der Einbildungskraft oft Quelle von Täuschungen. Außerdem kann sie leicht schädlich sein, für die Geister, die man daran hindert aufzusteigen, wie für das Medium.

Mahatma Gandhi

Der gesamte Vorgang des Rückzugs des Bewusstseins vom Universum und seiner Hinwendung zum Selbst ist von einer wachsenden Kontrolle über die verschiedenen Bewusstseinsträger begleitet. Sie wird möglich durch die Aktivierung bislang unbenutzter Steuerzentren, und dies bringt die Entfaltung gewisser okkulter Kräfte mit sich. Diese neuen Kräfte werden gemeinhin als *Siddhis* bezeichnet, und sie können sich entfalten, bevor der Suchende geistige Vollkommenheit erlangt hat. Deshalb kann die Entfaltung solcher Kräfte die Selbstsucht nähren. Es kann sein, dass der Suchende sich nicht nur an ihrem Besitz ergötzt, sondern sie tatsächlich anwendet, um weltliche Begehren zu erfüllen, von denen er nicht unbedingt schon frei ist. Siddhis werden daher mit Recht als Hindernis auf dem Weg zum geistigen Ziel angesehen.

Nach der Gottverwirklichung nehmen alle diese okkulten Kräfte an Bedeutung ab.

Meher Baba

Es ist vernünftig und vorsichtig, dem Übernatürlichen zu misstrauen; daran zu glauben ist aber auch eine Art von Weisheit.

Sri Aurobindo

Ich finde, dass ich überhaupt keine Fortschritte in der Meditation mache. Ich höre und sehe nie etwas«, sagte ein Schüler.

Der Meister erwiderte: »Suche Gott um Seiner Selbst willen! Die höchste Gotteserfahrung ist die Seligkeit, die man aus der unergründlichen Tiefe des eigenen Herzens aufsteigen fühlt. Trachte nicht nach Visionen, Wundererscheinungen oder phantastischen Erlebnissen. Der Weg zu Gott ist kein Zirkus!«

Paramahansa Yogananda

Der Novize mag okkulte Kräfte suchen, und innerhalb bestimmter Grenzen mag es ihm auch gelingen, sie zu erwerben. Doch diese neue Errungenschaft wird sich weit eher als Fluch erweisen denn als Segen, wenn er geistig nicht reif ist für die Erfüllung der neuen Verantwortung, die mit dem Erwerb dieser neuen Kräfte einhergeht. Selbst der geringste Missbrauch okkulter Macht hat ernste Folgen und schafft eine Bindung für die Seele. Oftmals verzögert sie den Fortschritt des Suchenden und kann sogar zu einem beträchtlichen Rückschritt führen. Ganz abgesehen davon, dass der Neuling durch unbesonnene Anwendung okkulter Kräfte geistiges Verderben auf sich selbst zieht, wird er unweigerlich zu einer Quelle unberechenbaren Unheils für andere, denen gegenüber er einen gewaltigen Vorteil errungen hat.

Meher Baba

Große Heilige haben Wunder vollbracht; größere Heilige haben sich darüber lustig gemacht: Die größten Heiligen haben sich sowohl über Wunder lustig gemacht als auch sie gewirkt.

Sri Aurobindo

Alle Wunder gehören zur phänomenalen Welt, und diese Welt ist die Welt der Schatten. Als Phänomene sind sie dem Wandel unterworfen, und nichts, was sich wandelt, kann beständigen Wert haben. Verwirklichung der ewigen Wahrheit bedeutet Eintritt in das unwandelbare Sein, und dieses Sein ist die höchste Wirklichkeit. Keine Bekanntschaft mit der okkulten Welt und keine Fähigkeit, ihre Kräfte zu manipulieren, kann der Verwirklichung der Wahrheit gleichkommen.
Meher Baba

Es geht nicht darum, die Zukunft vorauszusehen. Es geht darum, die Gegenwart zu bewältigen. Gott gibt uns keine Kontrolle über den nächsten Augenblick.
Mahatma Gandhi

bhakti-yoga –
der weg der liebenden hingabe

Die Wissenschaftler sagen uns, die Welt würde ohne die Existenz einer Kraft der gegenseitigen Anziehung zwischen den Atomen der leblosen Materie, aus denen unsere Welt besteht, auseinander fliegen und verschwinden. Dasselbe gilt gewiss auch für die belebte Materie, und man bezeichnet die Liebe als die anziehende Kraft zwischen den Lebewesen. Diese Kraft kann man am Werk sehen zwischen Vater und Sohn, Bruder und Schwester sowie zwischen Freunden. Und wir müssen lernen, sie zwischen allen Lebewesen anzuwenden. Denn in dieser Anwendung besteht unsere Erkenntnis Gottes.

Mahatma Gandhi

Liebe geschieht einfach. Niemand denkt darüber nach, wie, wann und wo er lieben soll. Niemand ist bei der Liebe rational. Rationales Denken verhindert die Liebe. Liebe ist ein plötzliches Aufsteigen im Herzen. Liebe ist unausweichliches, unzerstörbares Sehnen nach Einheit.

Mata Amritanandamayi

Liebe ist der Widerglanz der Einheit Gottes in der Welt der Zweiheit. In ihr gründet der ganze Sinn der Schöpfung. Schlösse man die Liebe vom Leben aus, würde jede Seele der andern völlig fremd, und in einer solchen lieblosen Welt wären nur oberflächliche und mechanische Beziehungen und Kontakte möglich. Die Liebe allein vermag den Kontakten und Beziehungen zwischen individuellen Seelen Bedeutung zu geben. Die Liebe ist es, die allem Geschehen in der Welt der Zweiheit Sinn und Wert verleiht. Doch während die Liebe der Welt der Zweiheit Sinn verleiht, stellt sie dieselbe zugleich auch immerdar in Frage. So wie die Liebe an Kraft gewinnt, erzeugt sie eine schöpferische Unrast und wird damit zum wichtigsten Element jener geistigen Dynamik, die das Bewusstsein letztlich zurückführt zur ursprünglichen Einheit des Seins.

Meher Baba

Augenblicke sind mir Ewigkeiten,
Unaufhaltsam fließt die Träne hin
Und zum Nichts ist mir die Welt geworden,
Seit ich getrennt von Govinda bin.

Chaitanya

Der Übergriff des Intellekts auf den Bereich des Herzens besteht darin, dass er Sicherheit und Beweise fordert, bevor er der Freisetzung von Liebe zustimmt. Doch Liebe ist nichts, wenn sie nicht spontan ist. Sie kann nicht eine Schlussfolgerung des Denkens sein. Sie ist nicht etwas, das durch Feilschen erlangt wird. Wenn du in Bezug auf den Gegenstand der Liebe sicher sein willst, bevor du deine Liebe gibst, dann ist sie nichts weiter als eine Form berechnender Selbstsucht.

Meher Baba

Damit der Liebende von ganzem Herzen den Geliebten empfangen und willkommen heißen kann, bereitet reine Liebe den Geist vor, indem sie alle Feinde der Liebe verjagt. Die Folge ist ein stän-

diger Fluss von Liebe vom Herzen des Liebenden dem Geliebten entgegen. Dort herrscht ein unstillbarer Durst, aus dem Geliebten zu trinken, ein unersättlicher Hunger, ihn sich einzuverleiben, und eine grenzenlose Intensität, zur Liebe selbst zu werden.
Mata Amritanandamayi

Tadele nicht die Liebe für das Leiden, das sie bringt;
Liebe ist die Königin aller Pfade.
Und das Herz, das nicht vor Sehnsucht wild ist,
Ist bereits gestorben, bereits ein Friedhof.
Kabir

In einem wahren Suchenden wird die Liebe zu einem Waldbrand, doch sie ist noch intensiver und verzehrender als dieser. Sein ganzes Sein wird mit der Intensität dieses Feuers der Liebe brennen. In diesem leuchtenden Feuer wird er selbst verzehrt, bevor die völlige Verschmelzung beginnt.
Mata Amritanandamayi

Alle Welt tut ihr Werk und begeht Fehler;
Aber wenige Liebende sind es, die den Geliebten kennen.
Der fromme Sucher ist es, der in seinem Herzen vereint
Die Doppelströme von Liebe und Freiheit
Wie sich vereinende Ströme von Ganges und Jumna.
Tag und Nacht fließt das heilige Wasser in seinem Herzen:
Und so endet der Kreislauf von Geburt und Tod.
Kabir

Bhakti besteht in der intensiven Liebe zu Gott …

Wenn der Mensch sie erreicht hat, begehrt er nach nichts, grämt sich nicht, findet an nichts (Irdischem mehr) sein Vergnügen und wendet seine Tatkraft nicht mehr weltlichen Dingen zu.

Wenn er sie an sich erfahren hat, wird er (gottes)trunken, unbewegt (durch äußere Verhältnisse) und findet seinen Frieden in sich selbst. …

Bhakti ist mehr als Werk [Karma-Yoga], Wissen [Jnana-Yoga] und Yoga [Raja-Yoga], weil sie ihren Lohn in sich selbst trägt (und nicht wie diese anderen einen Lohn erstrebt), denn Gott hasst die Selbstsüchtigen und liebt die Demütigen.

Naradas Bhaktisutras

Selbst in ihrer höchsten Form ist menschliche Liebe den Begrenzungen des individuellen Gemüts unterworfen, das bis zur Verwirklichung erhalten bleibt. Göttliche Liebe erwacht nach dem Verschwinden des individuellen Gemüts und ist frei von allen Fesseln der begrenzten Individualität. In der menschlichen Liebe bleibt die Zweiheit von Liebendem und Geliebtem bestehen. In der göttlichen Liebe jedoch werden der Liebende und der göttliche Geliebte eins. Der Liebende ist hinausgetreten aus dem Bereich der Zweiheit und eingegangen in Gott, denn göttliche Liebe *ist* Gott. Wenn der Liebende und der Geliebte eins sind – das ist das Ende und der Anfang.

Meher Baba

Wann füllt mir das Auge sich mit Tränen,
Füllt der Mund mit leisem Stammeln sich
Und sträubt sich jedes Härchen am Leibe,
Nenne, Höchster, deinen Namen ich?

Chaitanya

Wie unsere menschlichen Verwandtschaften auf diese Weise [indem man den Menschen als Gott sieht] göttlich werden können, so kann unsere Verwandtschaft mit Gott einige der menschlichen Formen annehmen, und wir können ihn als unseren Vater, unsere Mutter, unseren Freund oder unseren Geliebten betrachten. Gott »Mutter« zu nennen ist ein höheres Ideal, als ihn »Vater« zu nennen, und ihn »Freund« zu nennen, ist noch höher, doch das höchste ist, ihn als »Geliebten« zu betrachten.

Die höchste Spitze von all dem ist, zwischen Liebendem und Geliebtem keinen Unterschied zu sehen. Du erinnerst dich vielleicht an die alte persische Geschichte, in der ein Liebhaber kommt und an die Tür der Geliebten pocht. »Wer bist du?«, kommt die Frage. Er erwidert: »Ich bin es!« Aber er erhält keine Antwort. Ein zweites Mal kommt er und ruft aus: »Ich bin hier!« Aber die Tür wird nicht geöffnet. Er kommt zum dritten Male, und die Stimme von innen fragt: »Wer ist da?« Er erwidert: »Ich bin dein Selbst, meine Geliebte!« Und da wird ihm aufgetan.

Genau so ist das Verhältnis zwischen Gott und uns. Er ist in jedem Ding, er ist jedes Ding. Jeder Mann, jedes Weib ist der greifbare, lebendige Gott. Wer sagt, Gott sei unbekannt? Wer sagt, man müsse nach ihm suchen? Wir haben Gott ewig gefunden. Wir haben ewig in ihm gelebt. Überall ist er – ewig bekannt, ewig verehrt.

Ramakrishna

Liebe kann nicht aus bloßem Entschluss geboren werden. Durch Willensakte wird man bestenfalls pflichtgetreu. Selbstüberwindung und Anstrengung mögen zwar gewährleisten, dass man in Einklang handelt mit der eigenen Vorstellung von dem, was richtig ist, doch solches Handeln ist geistig öde, weil ihm die innere Schönheit spontaner Liebe fehlt. Liebe muss spontan aus dem Herzen kommen. Sie lässt sich in keiner Weise herbeizwingen durch innere oder äußere Gewalt. Liebe und Zwang können sich niemals vertragen. Doch während Liebe niemandem aufgezwungen werden kann, kann sie erweckt werden durch die Liebe selbst.

Es liegt im Wesen der Liebe, sich selbst zu übertragen – wer sie nicht hat, empfängt sie von denen, die sie haben. Wer von anderen Liebe empfängt, kann nicht umhin, mit etwas zu antworten, das selbst vom Wesen der Liebe ist. Wahre Liebe ist unbesiegbar und unwiderstehlich. Sie wächst an Kraft und breitet sich aus, bis sie letztlich alle verwandelt, die sie berührt. Durch den freien, ungehinderten Fluss reiner Liebe von Herz zu Herz wird die Menschheit zu einem neuen Leben finden, zu einer neuen Art des Seins.

Meher Baba

Das Wesen der Gottesliebe lässt sich nicht beschreiben, so wenig wie ein Stummer seine Geschmacksempfindungen beschreiben kann …

Sie leuchtet von selbst in einer geeigneten Person auf, wächst von Augenblick zu Augenblick an Intensität, ohne Unterbrechung und zu immer verfeinerter Empfindung.

Wer einmal Bhakti erlangt hat, interessiert sich nur noch für Gott, will von ihm hören und denkt nur an ihn …

Wenn Gott angerufen wird, offenbart er sich bald und lässt die Gläubigen ihn in sich erfahren.

Denn vor dem dreimal Wahren hat die Bhakti das größte Gewicht.

Naradas Bhaktisutras

Göttliche Liebe ist von ganz anderer Qualität als menschliche Liebe. Menschliche Liebe gilt den Vielen im Einen. Göttliche Liebe gilt dem Einen in den Vielen.

Meher Baba

Geliebter, du mein Odem, du mein Leben,
In dessen Dienst ich Leib und Seele mein,
Stamm, Namen, Ehre, Kräfte hingegeben,
Du Dunkler, bist des Weltalls Herr allein,
Zu dem die Yogis sich anbetend kehren.
Ich bin ein Hirtenmädchen, arm und klein,
Und weiß nicht, Herr, wie soll ich dich verehren.
Mein Ich vergaß ich in der Liebe Meer,
Ich opferte mich ganz zu deinen Füßen,
Du bist mein Pfad, du einzig bist mein Herr,
Dich anzuschauen will mein Geist genießen.
Die Welt mag sagen, dass ich schmutzig sei,
Das will ich als ein Unglück nicht beklagen,
Die Schmach um dich gleicht einer Perlenreih',
Die es ein Glück ist um den Hals zu tragen.
Ob rein ich bin, ob nicht, du weißt es nur,
Ich selber weiß nicht, was mir gut und schlecht ist. –

Spricht Chandidas: Herr, folg ich deiner Spur,
Mir Gut' und Schlechtes beides gleich und recht ist.
Chandidas

karma-yoga – der weg der tat

Alles Handeln mit Ausnahme desjenigen, das mit Einsicht zur Gottverwirklichung hinstrebt, schafft eine Bindung des Bewusstseins. Es ist nicht nur Ausdruck angehäufter Unwissenheit, sondern eine weitere Vermehrung dieser Unwissenheit.

Meher Baba

Die Werke binden jenen nicht, der durch den Yoga allen Werken entsagt, der durch die Weisheit jeden Zweifel vernichtet hat und für immer im Besitze seines Selbst ist.

Zerschneide darum mit dem Schwert der Weisheit diesen aus Unwissenheit geborenen Zweifel in deinem Herzen, mache dich an den Yoga und erhebe dich.

Bhagavad-Gita

Wer dem Weg des Karma-Yoga folgt, meidet sowohl die chaotische Aktivität selbstsüchtigen Begehrens als auch die scheinbare Inaktivität des Nichtbegehrens von irgendetwas. Er führt ein Leben selbstlosen Dienens, das völlig frei ist von persönlichen Motiven irgendwelcher Art und den Ausdruck des Göttlichen in allen Lebensbereichen fördert.

Meher Baba

Nicht durch das Unterlassen der Werke erlangt der Mensch Befreiung von den Werken; nicht durch bloßes Entsagen erlangt er Vollkommenheit.

Denn kein Lebewesen kann auch nur einen Augenblick verharren, ohne zu handeln. Jeder wird durch die naturentstandenen Impulse, ohne dass er sich dagegen wehren kann, zum Handeln veranlasst.

Wer die Tatsinne bezähmt, aber in seinem Herzen der Sinnesobjekte gedenkt, wessen Natur betört ist, ein solcher wird ein Heuchler genannt.

Höher steht hingegen, wer die Sinne mit dem Geiste zähmt und die Tatsinne ohne Anhänglichkeit auf dem Wege des Handelns einsetzt.

Vollziehe dein dir zustehendes Werk, denn Handeln ist besser als Nichthandeln. Auch die Aufrechterhaltung des physischen Lebens gelingt nicht ohne Handeln.

Abgesehen von dem Werk, das als und für ein Opfer getan wird, ist die Welt an die Werke gebunden. Darum befreie dich von aller Anhänglichkeit und vollziehe dein Werk als Opfer.

Bhagavad-Gita

Der Verzicht auf die Früchte des Handelns bedeutet keineswegs Gleichgültigkeit gegenüber seinen Ergebnissen. Bei jeder Handlung muss man um das erwartete Ergebnis, die angewandten Mittel und nötigen Fähigkeiten, es zu erreichen, wissen. Von demjenigen, der in dieser Geisteshaltung vollkommen in der Erfüllung der festgesetzten Aufgabe aufgeht, dabei jedoch frei ist von jedem Verlangen nach dem Ergebnis, wird man sagen: »Er hat auf die Früchte seines Handelns verzichtet.«

Mahatma Gandhi

Deine Aufgabe liegt allein im Handeln, nicht in dessen Früchten. Lasse nicht die Früchte deines Tuns dein Beweggrund sein; ergib dich nicht der Untätigkeit!

Gib die Anhänglichkeit auf und vollbringe, im Yoga gefestigt, deine Werke. Sei gleichmütig gegen Erfolg und Misserfolg. Gleichmut wird Yoga genannt. …

Die Weisen, welche ihren Verstand (mit dem Göttlichen) verbunden haben, indem sie auf die Früchte ihrer Werke verzichtet und von den Banden der Geburt sich befreit haben, erreichen den leidlosen Ort.

Bhagavad-Gita

Handeln, das beiträgt zur Gottverwirklichung, ist wahrhaft intelligent und geistig fruchtbar, weil es Losung aus Gebundenheit bringt. Solchem Handeln ist nur noch jenes überlegen, das spontan dem Zustand der Gottverwirklichung selbst entspringt. Alle anderen Formen des Handelns, wie gut oder schlecht, wirksam oder unwirksam sie von einem weltlichen Standpunkt auch erscheinen mögen, tragen zur Gebundenheit bei und sind niedriger einzustufen als Nichthandeln. Nichthandeln ist weniger hilfreich als einsichtiges Handeln, doch es ist besser als uneinsichtiges Handeln, denn es läuft auf das Nichttun dessen hinaus, was weitere Bindung geschaffen hätte. Der Übergang von uneinsichtigem Handeln zu einsichtigem Handeln (das heißt von bindendem Karma zu entbindendem Karma) vollzieht sich oft durch Nichthandeln. Nichthandeln kennzeichnet jene Phase, in der uneinsichtiges Handeln durch kritische Zweifel zum Stillstand gebracht worden ist, aber einsichtiges Handeln noch nicht begonnen hat, weil ein entsprechender Impuls vorläufig fehlt. Diese besondere Art des Nichthandelns hat beim Fortschreiten auf dem Pfad ihre eigene Bedeutung und darf keinesfalls mit gewöhnlicher Untätigkeit verwechselt werden, die durch Trägheit oder Lebensangst bedingt ist.

Meher Baba

Gleich, welche Tätigkeit man verrichtet, der Gedanke »Ich handele« sollte vermieden werden, dann kann alles als Shiva (Gott) erkannt werden.

Ramana Maharshi

Aber für den Menschen, der sich allein am Selbst erfreut, am Selbst genug hat, im Selbst Befreiung findet, gibt es kein Werk mehr, das er tun müsste.

Bhagavad-Gita

Selbstsucht muss sich zur Selbstlosigkeit wandeln, bevor die Welt der Gegensätze gänzlich überwunden werden kann. Durch beharrliches und unablässiges Vollbringen guter Taten nutzt sich die Selbstsucht ab. Indem die Selbstsucht durch gute Taten über sich selbst hinauswächst, wird sie zum Werkzeug ihrer eigenen Vernichtung. Das Gute ist die Brücke, die vom Gedeihen der Selbstsucht überleitet zu deren Tod. Am Anfang Quelle aller üblen Neigungen, besiegelt die Selbstsucht durch gute Taten am Ende ihren eigenen Untergang. Sind die üblen Neigungen gänzlich durch gute Neigungen ersetzt, wandelt sich die Selbstsucht zur Selbstlosigkeit, das heißt, die ichbezogene Selbstsucht löst sich auf in universaler Anteilnahme. Obwohl auch ein in Selbstlosigkeit und Aufopferung gelebtes Leben durch die Gegensätze gebunden bleibt, ist das Tun von Gutem eine notwendige Phase auf dem Weg zur Freiheit von den Gegensätzen. Es ist das Mittel, durch das die Seele ihr Nichtwissen um sich selbst überwindet.

Meher Baba

raja-yoga – der weg der meditation

Wenn die fünf Sinne ruhen, die Gedanken und Gefühle still geworden sind und auch der Intellekt nach nichts mehr strebt, das nennt man den höchsten Zustand.

Diesen Zustand, in dem man die Sinne vollkommen beherrscht, nennt man auch Yoga.

Katha-Upanishad

Um inmitten des Ozeans der Wahrheit zu schwimmen, muss man sich selbst auf Null zurückführen.

Mahatma Gandhi

Der Intellekt der meisten Menschen steht unter dem Joch unzähliger Begierden. Vom geistigen Gesichtspunkt ist dies die niedrigste Stufe menschlichen Daseins. Die höchste Stufe menschlichen Daseins ist frei von allem Begehren und ist durch Genügsamkeit und Anspruchslosigkeit charakterisiert. Alle streben nach Glück, doch wenige haben es, denn dauerhaftes Glück beginnt erst dann, wenn der Mensch völlig frei ist von Begierden irgendwelcher Art. Dieser höchste Stand des Nichtbegehrens von irgendetwas mag von außen als etwas erscheinen, das Tatenlosigkeit beinhaltet und leicht zu erreichen ist. Doch wer einmal versucht, still dazusitzen, ohne innerlich irgendetwas zu wollen, und doch volles Bewusstsein zu bewahren (das heißt ohne einzudösen), wird erkennen, dass ein solcher Zustand des Nichtbegehrens von irgendetwas äußerst schwer zu erreichen ist und nur durch intensivste geistige Bemühung aufrechterhalten werden kann. Nichtbegehren von irgendetwas bleibt in der Tat unerreichbar, solange das Leben vom Ich-Gemüt beherrscht ist. Es wird erst möglich in einem Leben jenseits des Ich-Gemüts. Um die geistige Seligkeit des Nichtbegehrens zu erfahren, muss das Gemüt überschritten werden.

Meher Baba

Der Yogin muss versuchen, seinen Geist beständig (auf das höhere Selbst) zu richten, in der Einsamkeit verharrend, allein, selbstgebändigt, frei von Begierden und (dem Verlangen nach) Besitztümern.

Er errichte sich an einem reinen Platz einen festen Sitz, weder zu hoch noch zu niedrig, übereinander mit heiligem Grase, einem Fell und einem Tuch bedeckt.

Er lasse sich auf diesem Sitze nieder, richte seinen Geist auf einen Punkt, bezähme das Denken und die Sinne, und übe so, zur Läuterung der Seele, den Yoga.

Körper, Haupt und Hals aufrecht und unbeweglich haltend, den Blick beständig auf die Nasenspitze richtend, ohne herumzuschauen (ohne seine Blicke schweifen zu lassen, heiter und furchtlos, fest im Gelübde der Enthaltsamkeit, den Geist bezähmend, möge er dasitzen, seinen Geist auf mich [das Göttliche] gerichtet, ausgeglichen, auf mich allein bedacht.

Der Yogin, der seinen Sinn bezähmt, sich immer auf solche Weise in Einklang hält, geht in den Frieden, in das in mir befindliche höchste Nirvana ein.

Bhagavad-Gita

Jedes lebende Wesen wünscht sich dauerhaftes und ungetrübtes Glück, jeder liebt vor allem sich selbst, und Liebe strebt allein nach

Glück. Um jenes Glück erfahren zu können, das unsere wahre Natur ist, und das wir – jenseits des Denkens – in tiefem Schlaf erleben, sollten wir uns selbst erkennen. Der beste Weg zu dieser Erkenntnis ist der des Erforschens »Wer bin ich?«.

Ramana Maharshi

Anfangs wird der Geist noch nicht bereit sein zur Meditation. Er sollte sehr behutsam dafür gewonnen werden. Ein Huhn kannst du nicht fangen, indem du hinter ihm herläufst. Aber wenn du sein Futter zu dir heranholst und das Huhn dann rufst, wird es kommen. Entsprechend renne auch nicht hinter deinem Geist her, um ihn unter Kontrolle zu bringen. Du kannst ihn vielmehr in die Hand bekommen, indem du ihn langsam fragst und behutsam instruierst. Frage deinen Geist: Warum rennst du hinter diesen Dingen (in der Welt) her? Was hast du davon? Weißt du nicht, dass diese Dinge sich ständig verändern? – So wirst du den Geist zähmen und schließlich von der materiellen Welt zur geistigen Welt hinlenken können.

Mata Amritanandamayi

Öffne die Augen und sieh, was die Welt wirklich ist und was Gott; gib dich nicht mehr mit müßigen und angenehmen Fantasien ab.

Sri Aurobindo

Wenn du mit dem subtilen inneren Auge sehen kannst, wirst du eine Lücke zwischen den Gedanken finden. Diese Lücke ist schmal – schmaler als die Breite eines Haares –, aber sie ist vorhanden. Wenn du die Gedanken davon abhalten kannst, ohne Kontrolle zu fließen, so wie sie es jetzt tun, dann wird sich diese Lücke vergrößern. Aber das ist nur in einem Geist möglich, der auf einen einzigen Gedanken konzentriert ist. Er darf nicht bei vielen Gedanken, sondern muss nur bei einem einzigen Gedanken verweilen.

Mata Amritanandamayi

Hat man sein Denken von Trägheit und Ablenkung befreit und zur Ruhe gebracht und ist dadurch in einen gedankenfreien Zustand gelangt, dann ist man im höchsten Zustand.

Man soll sein Denken so lange im Herzen zurückhalten, bis es sich dort aufgelöst hat. Das ist die letzte Erkenntnis, das ist die Befreiung oder Moksha. Alles andere sind nur leere Worte, die die Bücher aufblähen.

Hat man sein Denken durch Versenkung (Samadhi) von allen Unreinheiten befreit und ist in den Atman eingegangen, dann erlebt man eine einzigartige Ekstase. Man kann sie nicht durch Worte beschreiben. Man muss sie selbst im Inneren erfahren.

Maitrayani-Upanishad

Beim gewöhnlichen Denken fließt der Strom relevanter Ideen meist ungestört dahin, doch wenn sich das Gemüt der systematischen Meditation zuwendet, entsteht unweigerlich eine Tendenz zur Reaktion in Form irrelevanter und widersprechender Gedanken, die die Meditation stören. Dies ist das Gesetz des Gemüts, und der Suchende sollte sich deshalb durch das Auftauchen vieler widersetzlicher und ungereimter Gedanken, die bislang nie in sein Bewusstsein getreten waren, nicht aus der Fassung bringen lassen. Die Meditation bringt es mit sich, dass unterbewusste Gemütsinhalte in den Vordergrund des Bewusstseins rücken. Wie der Zauberer, der viele seltsame und unerwartete Dinge ins Dasein ruft, ruft der Vorgang der Meditation viele absurde und unerwünschte Gedanken hervor. Der Suchende muss auf all diese störenden Gedanken

gefasst sein und sollte ihnen mit größter Geduld begegnen, in dem unerschütterlichen Vertrauen darauf, dass alle diese Störungen letztlich verschwinden werden.
Meher Baba

Wie lange soll die Übung des Erforschens praktiziert werden?

Solange sich im Geist überhaupt noch Eindrücke finden, ist das Nachforschen »Wer bin ich?« notwendig. Wenn ein Gedanke sich erhebt, sollte er sogleich am Ort seines Entstehens mithilfe dieser Frage zerstört werden. Sich der Meditation über das Selbst ohne Unterbrechung zu widmen, führt zur Erkenntnis des Selbst, nichts anderes ist erforderlich. Solange es Feinde in der Festung gibt, werden sie sich regen; wenn sie vernichtet werden, sobald sie sich zeigen, wird die Festung uns in die Hand fallen.
Ramana Maharshi

Zur Meditation sollte man sich nicht überwinden müssen, so als ginge es darum, Lebertran zu schlucken. Meditation erfordert zwar Ernsthaftigkeit, jedoch nicht Feierlichkeit oder gar Schwermut. Humor und Heiterkeit sind der Meditation nicht nur nicht abträglich, sondern tragen tatsächlich zu ihrem Fortschritt bei. Meditation sollte nicht zu etwas Widerwärtigem und Ermüdendem gemacht werden. Der Suchende soll sich der natürlichen Freude, die mit erfolgreicher Meditation einhergeht, frei hingeben, ohne davon abhängig zu werden.
Meher Baba

Vermagst du dann, wenn du einsam, still und schweigend auf einem Berggipfel sitzt, die Revolutionen zu sehen, die du voran-

treibst, dann besitzt du die göttliche Schau und bist frei von den Erscheinungen.
Sri Aurobindo

Du schenktest gnädig mir dies eine, das Schweigen,
Das wahres Wissen ist und ohne jede Fessel,
Und du lehrtest mich:
Stellt sich das Schweigen ein, so hört das Denken auf.
Die Ich-Behauptung gibt es dann nicht mehr,
Nicht Raum und Zeit, und keine Himmelsrichtung
Und keinerlei Verknüpfung mit der Welt.
Vom Schweigen gibt es Lösung nicht
Und Trennung und keine Rede,
Und Tag und Nacht hört auf zu sein.
Keinen Anfang hat das Schweigen,
Kein Ende und auch keine Mitte,
kein Inneres und Äußeres, rein nichts.
Tayumanavar

Die nicht geringste Voraussetzung für den Erfolg der Meditation ist der richtige Umgang mit störenden Gedanken und mentalen Einflüssen. Es ist eine unnütze Verschwendung mentaler Energie, diese störenden Gedanken und Einflüsse *direkt* zu bekämpfen und sie unterdrücken zu wollen. Jeder Versuch dieser Art bedeutet, ihnen zusätzliche Aufmerksamkeit zu schenken, und gerade an dieser zusätzlichen Aufmerksamkeit zum Zweck ihrer Unterdrückung nähren sie sich und werden in ihrem störenden Einfluss auf das Bewusstsein weiter gestärkt. Das Beste ist, sie zu ignorieren und so bald wie möglich zum Gegenstand der Meditation zurückzukehren, ohne den Störfaktoren übermäßige Bedeutung beizumessen. Durch Anerkennen der Irrelevanz und Wertlosigkeit störender Gedanken einerseits und des relativen Werts sowie der relativen Wichtigkeit des Meditationsgegenstandes andererseits wird es möglich, diese Gedanken an barer Vernachlässigung sterben zu lassen und damit das Gemüt unverrückbar auf den Meditationsgegenstand zu heften.

Meher Baba

Einige Jünger, die sich ganz in die Arbeit gestürzt hatten, vernachlässigten ihre Meditation. Der Meister warnte sie:

»Sagt nicht: ›Morgen will ich länger meditieren.‹ Plötzlich werdet ihr feststellen, dass ein ganzes Jahr verstrichen ist, ohne dass ihr eure guten Absichten verwirklicht habt. Sagt statt dessen: ›Dies kann warten und das kann warten; aber meine Suche nach Gott kann nicht warten.‹«

Paramahansa Yogananda

Frage: Wie kann man ständig an dem Gedanken »Wer bin ich?« festhalten?

Wenn andere Gedanken auftauchen, sollte man ihnen nicht nachgehen, sondern fragen: »Wem kommen diese Gedanken?« Wie viele Gedanken auch auftauchen mögen, man sollte unbeirrt fragen: »Wem ist dieser Gedanke gekommen?« Die Antwort wird sein: »Mir.« Wenn sich dann die Frage anschließt: »Wer bin ich?«, wird der Geist zurück zu seiner Quelle gelenkt und die Gedanken versiegen. Mit zunehmender Übung entwickelt der Geist die Fähigkeit, in seiner Quelle zu verharren.

Der Geist ist feinstofflich. Wenn er Gehirn und Sinnesorgane durchdringt, die grobstofflich sind, entstehen Namen und Formen. Wenn der Geist im Herzen ruht, verschwinden Namen und Formen. Den Geist nicht nach außen schweifen zu lassen, sondern im Herzen zurückzuhalten, wird *Antarmukha*, Introversion, Nach-

innen-gekehrt-Sein, genannt. Den Geist aus dem Herzen heraustreten zu lassen, wird *Bahirmukha*, Extraversion, Nach-außen-gekehrt-Sein, genannt. Wenn der Geist im Herzen ruht, gibt es kein »Ich«, keine Gedanken, nur das ewige strahlende Selbst.
Ramana Maharshi

Hast du erst einmal Konzentration erreicht, dann bist du in Kontakt mit der inneren Mutter, das heißt mit deinem eigenen Selbst. Sogar dann, wenn du mit dem Namen oder der Form eines Gottes, einer Göttin oder der Mutter meditierst, meditierst du eigentlich auf dein eigenes Selbst und nicht auf ein äußeres Objekt.
Mata Amritanandamayi

Stille, unbewegt und aufsteigend,
Stille, unbewegt und Zuflucht gewährend,
Stille, unbewegt und ewig während,
Stille, unbewegt und gleißend,
Stille, breit und unermesslich wie der Ganges,
Stille, unbewegt und zunehmend,
Stille, weiß und leuchtend wie der Mond,
Stille, die Essenz von Shiva.
Shivavakiyar

Meditation ist nicht nur ein Dasitzen mit geschlossenen Augen. Sie ist ein Zustand ungebrochener Konzentration, wie ein endloser Strom.
Mata Amritanandamayi

Die Liebe zur Einsamkeit ist ein Zeichen für einen Hang zum Wissen. Aber das Wissen selbst wird nur erlangt, wenn wir eine stabile Wahrnehmung der Einsamkeit mitten in der Masse besitzen, auf dem Schlachtfeld und auf dem Markt.

Sri Aurobindo

Frage: Kann der Geist nicht auch anders [als durch Selbst-Erforschung] zum Schweigen gebracht werden?

Es gibt kein anderes Mittel als das nachforschende Fragen. Jeder Versuch, den Geist auf andere Weise zu beherrschen, wird ihn nur vorübergehend ruhig stellen. Atemkontrolle bewirkt einen Zustand der Ruhe, aber nur solange der Atem beherrscht ist. Danach wird der Geist aufgrund verbliebener Eindrücke wieder umherschweifen.

Geist und Atem entspringen derselben Quelle. Denken ist das Wesen des Geistes, der »Ich-Gedanke«, das Ego, ist der erste Gedanke. Ego und Atem haben also denselben Ursprung. Daher ist der Atem still, sobald der Geist bewegungslos wird, und umgekehrt wird der Geist still, sobald der Atem beherrscht ist. Allerdings steht während des Tiefschlafs der Atem nicht still, obwohl der Geist bewegungslos ist. Nach Gottes Willen soll zum Schutz des Körpers während des Schlafs für andere nicht der Eindruck entstehen, der Körper sei tot. Wenn aber im Zustand des Wachseins, auch im Zustand des Samadhi, der Geist still wird, ist auch der Atem still. Der Atem ist grobstofflicher Geist und bleibt bis zum Zeitpunkt des Todes im Körper. Stirbt der Körper, nimmt der Geist den Atem mit sich fort. Die Übung der Atemkontrolle kann also nur helfen, den Geist zu beruhigen (*Manonigraha*), aufgelöst (*Manonasa*) wird der Geist keineswegs.

Wie Atemübungen sind auch Meditationen über die Formen Gottes, das Wiederholen von Mantras, Nahrungsbeschränkungen, usw. nur Hilfen, den Geist zu beruhigen. Durch Meditation über eine der Formen Gottes oder das Wiederholen von Mantras wird der Geist auf ein Ziel gerichtet. Der Geist ist immer bestrebt umherzuschweifen. Wie der Rüssel eines Elefanten nach nichts anderem greift, wenn er eine Kette festhält, so greift auch der Geist, der auf etwas konzentriert ist, nach nichts anderem. Zerstreut sich der Geist in unzähligen Gedanken, ist jeder einzelne Gedanke schwach; wenn aber die Gedanken sich nach und nach auflösen, wird der Geist konzentriert und stark. Für einen derart gestärkten Geist ist Selbst-Erforschung nicht schwierig.

Ramana Maharshi

Bei der inneren Meditation richtet sich das Denken auf das höchste Prinzip, es wandert aber auch immer wieder zu äußeren Zielen. Dadurch geht das zunächst ungewisse Erkennen ganz allmählich in eine Gewissheit über. Hört das Denken schließlich vollkommen auf, dann ist da eine ekstatische Freude, die nur sich selbst wahrnimmt. Das ist das unsterbliche, strahlende Brahman. Das ist das Ziel. Das erst ist die Wirklichkeit.

Maitrayani-Upanishad

moksha –
befreiung oder gottverwirklichung

Alle Menschen müssen die Phase der Gefangenschaft durchlaufen. Diese Phase ist jedoch nicht als sinnlose Episode in der Entfaltung des Lebens anzusehen. Man muss das Eingesperrtsein erfahren haben, um das Freisein richtig schätzen zu können. Wenn der Fisch in seinem ganzen Leben nicht ein einziges Mal aufs Trockene geraten ist, hat er keine Möglichkeit, den Wert des Wassers richtig zu schätzen. Von seiner Geburt bis zu seinem Tod hat er nur im Wasser gelebt und ist deshalb nicht in der Lage zu verstehen, was Wasser für sein Dasein wirklich bedeutet. Wird er aber auch nur einen Augenblick aus dem Wasser genommen, so sehnt er sich nach Wasser, und durch diese Erfahrung wird er fähig, den Wert des Wassers zu begreifen. Desgleichen bliebe dem Menschen der wahre Wert der Freiheit verborgen, wenn das Leben immerzu frei wäre und keinerlei Erfahrung von Gefangensein brächte. Die Erfahrung geistiger Gefangenschaft und der brennende Wunsch nach Befreiung sind beide eine Vorbereitung für die uneingeschränkte Freude an der Freiheit, die kommen wird.

Meher Baba

In Gedanken tief versunken, hielt ich meinen Atem an,
Da erschloss sich mir die Wahrheit, in mir glühte auf das Licht
Und der Glanz, der mich durchleuchtet, strahlte auch nach außen dann,
Von der Wahrheit, die im Dunkeln ich ergriffen, ließ ich nicht.

Lalla

Nachdem wir einen Zyklus von Geburten in zahlreichen Spezies durchlaufen haben, werden wir als menschliche Wesen geboren. Die Befreiung (*Moksha*), die uns den Paaren von Gegensätzen entkommen lässt, kann nur durch das Leben in einem menschlichen Körper erreicht werden.

Mahatma Gandhi

O mein Herz, der Höchste Geist,
Der große Meister, ist dir ganz nah!
Wach auf, o wach doch auf!
Laufe hin zu den Füßen deines Geliebten,
Denn dein Gebieter steht nah an deinem Haupt.
Du hast geschlafen Millionen und Millionen von Jahren –
Warum nicht heute Morgen aufwachen?

Kabir

Die Menschen erleben das Brahman so wie einen Gedanken: Blitzschnell taucht er im Geist auf und gibt uns ein vorübergehendes Wissen. Daran soll man sich stets erinnern.

Kena-Upanishad

Ist es erforderlich, das Wesen der Elemente und Prinzipien (*Tattvas*) zu erforschen, wenn man Befreiung erlangen will?

Es ist nutzlos, etwas zu analysieren, von dem man weiß, dass man es wegwirft; ebenso nutzlos ist es, die Zahl und Eigenschaften der Tattvas zu untersuchen, wenn man das Selbst erkennen will. Im Gegenteil: Man muss alle Kategorien, die das Selbst verschleiern, verwerfen. Die Welt sollte als Traum betrachtet werden.

Ramana Maharshi

Was ist Befreiung?

Das Ergründen des in Fesseln liegenden eigenen Wesens und das Erkennen der wahren eigenen Natur ist Befreiung.

Ramana Maharshi

In der Gottverwirklichung gibt die Seele ihr abgetrenntes Bewusstsein auf. Im unverlierbaren Wissen um ihre Identität mit der unendlichen Wirklichkeit tritt sie über alle Zweiheit hinaus. Die Fesseln der begrenzten Individualität sind gesprengt, die Welt der Schatten ist entschwunden und der Schleier der Illusion auf immer gelüftet. Das fieberhafte, qualvolle Suchen des begrenzten Bewusstseins weicht der Ruhe und Seligkeit des Bewusstseins der Wahrheit. Die Rastlosigkeit und das Getümmel des Daseins in der Zeit finden ihr Ende im Frieden und der Stille der Ewigkeit.

Meher Baba

Ist es nicht möglich, dass Gott oder der Guru die Befreiung der Seele bewirken?

Gott und Guru weisen nur den Weg, sie heben die Seele nicht in den Zustand der Befreiung. Tatsächlich sind Gott und Guru aber nicht voneinander verschieden. Wie das Opfer aus den Zähnen des Tigers nicht mehr entkommen kann, so werden diejenigen, die in den gnadenvollen Blick des Guru gelangt sind, nicht verloren gehen, sondern sicher errettet werden. Und doch sollte jeder mit eigener Anstrengung dem von Gott oder Guru gewiesenen Weg der Befreiung folgen. Nur mit dem eigenen Auge der Weisheit kann man sich selbst erkennen, nicht mit dem eines anderen. Ist die Hilfe eines Spiegels notwendig, damit Rama weiß, dass er Rama ist?

Ramana Maharshi

Die großartige Idee des buddhistischen Seelenheils, das *Nirvâna*, ist nicht nihilistisch. Es bedeutet nicht die totale Auslöschung. Es bedeutet, genau genommen, die Auslöschung all dessen in uns, was gemein, lasterhaft, verderbt und bestechlich ist. Das Nirvâna ist nicht wie der dunkle Frieden des Todes, sondern vielmehr wie ein lebendiger Friede, wie das lebendige Glück der ihrer selbst bewussten Seele, bewusst, ihren Platz im Herzen des Ewigen gefunden zu haben.

Mahatma Gandhi

Die Person zu erforschen bedeutet Versklavung, das wahre Wesen zu erkennen bedeutet Befreiung.

Ramana Maharshi

Nach Erlangen der Gottverwirklichung erkennt die Seele, dass sie von jeher die unendliche Wirklichkeit gewesen ist, als die sie sich jetzt weiß, und dass ihr Selbstverständnis als begrenztes, endliches Wesen während der Periode der Evolution und der nachfolgenden Periode geistiger Reifung bloß eine Illusion war. Die Seele entdeckt auch, dass die Allwissenheit und Allseligkeit, deren sie sich nunmehr erfreut, der unendlichen Wirklichkeit vom Uranfang der Zeit latent innewohnte und im Moment der Gottverwirklichung bloß offenbar wurde. Es ist mithin nicht so, dass der Gottverwirklichte tatsächlich etwas anderes würde, als er vor der Verwirklichung war. Er bleibt, was er im Grunde von jeher gewesen ist. Der einzige Unterschied, den die Verwirklichung macht, liegt darin, dass ihm sein eigenes wahres Wesen nunmehr bewusst ist, während es ihm zuvor nicht bewusst war. Er weiß nun, dass er nie etwas anderes war als das, als was er sich jetzt weiß, und dass alles, was er durchmachte, nichts anderes war als der Vorgang der Selbstfindung.

Meher Baba

spiritualität im alltag

Das Leben des Geistes ist Ausdruck des Unendlichen und keimt deshalb keine künstlichen Grenzen. Wahre Spiritualität ist nicht zu verwechseln mit einer exklusiven Schwärmerei für irgendeine gerade vorherrschende Idee. Sie hat nichts zu tun mit irgendwelchen »Ismen«. Wenn die Menschen Spiritualität abseits vom Leben suchen, als hätte sie keinen Bezug zur materiellen Welt, ist ihre Suche umsonst. Alle Glaubensbekenntnisse und Kulte neigen dazu, irgendeinen Teilaspekt des Lebens hervorzuheben. Doch wahre Spiritualität ist ganzheitlich in ihrer Schau. Das Wesen der Spiritualität besteht nicht in einem eng begrenzten, spezialisierten Interesse für irgendeinen vorgestellten Teil des Lebens, sondern in einer gewissen erleuchteten Haltung gegenüber all den verschiedenen Situationen, die das Leben hervorbringt. Sie erfasst und umfasst alle Aspekte des Lebens. Sämtliche materiellen Dinge dieser Welt lassen sich dem göttlichen Spiel dienstbar machen, und wenn sie in solcher Weise ihren Platz gefunden haben, tragen sie zum Selbstausdruck des Geistes bei.

Meher Baba

Wenn es einem Menschen gelingt, die Unschuld zu personifizieren, dann wird er damit nicht etwa göttlich. Im Gegenteil: Erst dadurch wird er wirklich zum Menschen.

Mahatma Gandhi

Suche nicht nach jenem Blumengarten,
O Freund, strebe nicht dort hinzugelangen!
In deinem Körper ist der Blumengarten.
Nimm deinen Sitz ein auf dem tausendblättrigen Lotus
Und schaue so die Unendlichkeit der Schönheit.

Kabir

Es ist schwer zu entscheiden, was die Wahrheit ist. Ich habe diese Frage für mich selbst gelöst. Sie ist das, was die innere Stimme in jedem von uns sagt.

Mahatma Gandhi

Man muss verstehen, was Handeln ist; man muss verstehen, was falsches Handeln ist; und man muss verstehen, was Nichthandeln ist; schwer zu verstehen ist der Weg des Werkes.

Wer im Handeln das Nichthandeln erblickt und Handeln im Nichthandeln, der ist ein Weiser unter den Menschen, ein Yogin, ein all sein Werk Vollbringender.

Wessen Unternehmen frei von verlangenden Wünschen sind, wessen Werke im Feuer der Weisheit verbrennen, ihn nennen die Weisen einen Kundigen.

Wer alles Anhängen an die Frucht der Werke aufgegeben hat, wer immer zufrieden ist, ohne irgendwelche Abhängigkeit, tut nichts, obwohl er sich ständig betätigt.

Wer keine Wünsche hat, Herz und Selbst bezähmt, allen Besitz verlässt, nur mit dem Körper handelt, begeht keinen Fehler.

Wer sich mit dem begnügt, was immer der Zufall bringt, wer über die Gegensätze (von Freude und Leid) erhaben ist, keinen Neid hat und in Erfolg und Misserfolg derselbe bleibt, dieser wird nicht gebunden, auch wenn er handelt.

Bhagavad-Gita

Wer die Angst vor dem Tode besiegt, der überwindet damit nicht unbedingt die anderen Ängste – im Gegensatz zu dem, was man zu glauben geneigt ist. Einige unter uns haben keine Angst vor dem Tod, fliehen jedoch die geringsten Unannehmlichkeiten des Lebens.

Mahatma Gandhi

Schau an diesen Tag, denn er ist das Leben,
Ja das, was diesem Leben Leben schenkt.
In seinem kurzen Lauf findet sich alles,
Was es in unserem Dasein gibt an Wahrheit und an Wirklichkeit.
Die Seligkeit des Wachstums, die Glorie des Handelns,
Der Glanz aller Errungenschaft –
sind alle nur Erfahrungen der Zeit.
Denn Gestern ist nichts weiter als ein Traum
Und Morgen ist bloß eine Vision.
Jedoch ein gut gelebtes Heute
Macht aus jedem Gestern einen Traum des Glücks,
Aus jedem Morgen eine Vision der Hoffnung.
Drum schau dir diesen Tag gut an –
Und heiße so willkommen die ewig neue Morgenröte.

Kalidasa

Wer Reichtümer begehrt, der kann sie, auf die eine oder andere Weise, nur durch Ausbeutung anderer erlangen: Gott ist nicht sein Gefährte. Nur wer sich mit wenigem begnügt, findet das wahre Glück und die Gesellschaft Gottes.

Mahatma Gandhi

Geradeso wie es falsch ist, alle geistige Bedeutung einer vorweggenommenen Zukunft vorzubehalten, ist es auch falsch, solche Bedeutung ausschließlich jenen Dingen beizumessen, die Aufsehen erregen. Die großen und Aufsehen erregenden Dinge des Daseins sind nicht die einzigen, denen geistige Bedeutung in ganzer Fülle innewohnt. Ein Ding braucht nicht ungewöhnlich oder besonders auffällig zu sein, um geistig bedeutsam zu sein. Das Ungewöhnliche und Auffällige existiert nur relativ zum Gewöhnlichen und Unauffälligen und ist an sich nicht notwendigerweise Ausdruck absoluter geistiger Schönheit.

So ist ein Mensch nicht allein deshalb schon geistig groß, weil er große Geldsummen für einen guten Zweck verschenkt. Ein Armer mag es ihm nicht gleichtun können und ist geistig dennoch nicht weniger groß, wenn er von Herzen gibt, was er kann. Nicht die Höhe des Betrags verleiht der Gabe ihren geistigen Wert, sondern die Gesinnung, in der sie gegeben wird. In der Tat kommt es oft vor, dass große Schenkungen mit Stolz oder irgendwelchen selbstsüchtigen Motiven verbunden sind, wodurch sie ihren geistigen Wert verlieren. Selbst eine kleine Gabe, in Demut und völlig uneigennütziger Liebe dargebracht, hat demgegenüber viel größeren geistigen Wert.

Meher Baba

Eine Perle liegt dort auf der Gasse,
Blinde ziehn vorüber ihre Straße,
Sehn die Perle nicht, wie schön sie sei;
Wem das Licht des Herrn der Welt nicht leuchtet,
Geht blind auch an der Welt vorbei.

Kabir

Dies eine Leben ist das gesamte Leben, der Himmel und alle diese Orte sind wir. Alle Götter, die Vorbilder des Menschen, sind hier. Die Götter haben den Menschen nicht nach ihrem Bilde erschaffen, sondern der Mensch erschuf die Götter. Und hier sind die Vorbilder, hier ist Indra, hier sind Varuna und all die Götter des Universums. Wir haben unsere kleinen Doppelgänger nach außen projiziert, und wir selbst sind die Urbilder dieser Götter, wir sind die wahren, die einzigen Götter, die zu verehren sind. […]

Wenn wir erst einmal frei geworden sind, brauchen wir nicht verrückt zu werden und die Gesellschaft abzutun, um im Wald oder in einer Höhle zu sterben. Wir werden bleiben, wo wir waren, nur werden wir die ganze Sache verstehen. Die gleichen Erscheinungen werden bleiben, aber sie erhalten einen neuen Sinn […]

Wir kennen die Welt noch nicht wirklich. Nur in der Freiheit sehen wir, was sie ist, und verstehen ihre Natur. Dann sehen wir, dass das so genannte Gesetz oder Schicksal nur einen unendlich kleinen Teil unserer Natur ausmacht. Es ist nur eine Seite, aber auf der anderen Seite ist allezeit Freiheit. Das haben wir nicht gewusst, und das ist der Grund, weshalb wir versucht haben, uns vor dem Bösen zu schützen, indem wir den Kopf in den Sand gesteckt haben wie der gehetzte Hase. Infolge des Ungenügens haben wir versucht, unsere Natur zu vergessen, und doch konnten wir es nicht. Sie meldete sich immer wieder bei uns, und all unser Suchen nach Gott oder den Göttern oder nach äußerer Freiheit war ein Suchen nach unserer wahren Natur. Wir haben die Stimme missverstanden. Wir dachten, sie käme vom Feuer oder von einem Gott oder von der Sonne, dem Monde oder den Sternen. Aber endlich haben wir herausgefunden, dass sie in uns selbst war. In uns selbst ist diese ewige Stimme, die von der ewigen Freiheit spricht. Ihre Musik klingt ewig fort. Ein Teil dieser Musik der Seele ist zur Erde geworden, zum Gesetz, zu diesem Universum, aber sie gehörte immer zu uns und wird es stets bleiben.

Ramakrishna

Ein Tor, der sich als dumm erkennt, ist klug fürwahr;
Hält er sich selbst für klug, bleibt dumm er immerdar.
Gautama Buddha

Welches ist die Beschreibung eines Menschen, der diese festgegründete Weisheit hat, dessen Wesen im Geiste feststeht, o Krishna? Wie wird er, dessen Verstand gefestigt ist, sprechen, wie wird er sitzen, wie wird er gehen?

Der Erhabene sagte: Wenn jemand alle Wünsche seines Herzens ablegt und wenn sein Geist in sich selbst Genüge findet, wird er ein in seinem Verstande Feststehender genannt.

Wer in Leiden nicht erschüttert wird und in Freuden frei von Begierden ist, von welchem Leidenschaft, Furcht und Zorn gewichen sind, der wird ein in seinem Verstande feststehender Weiser genannt.

Wer nirgendwo Zuneigung hat, wer, wenn er Gutes oder Schlechtes empfängt, weder Freude noch Hass empfindet, dessen Verstand ist fest gegründet (in der Weisheit).

Wer, wie eine Schildkröte ihre Glieder, seine Sinnesorgane allerseits von den Sinnesobjekten zurückzieht, dessen Verstand ist fest gegründet (in der Weisheit).

Die Sinnesobjekte wenden sich von der verkörperten Seele ab, die aufhört, sich an ihnen zu nähren; doch bleibt der Geschmack für sie. Aber selbst der Geschmack wendet sich ab, wenn das Höchste erschaut wird.
Bhagavad-Gita

Es ist leicht, sich gegenüber Freunden freundschaftlich zu verhalten. Jedoch aus dem, der sich als dein Feind betrachtet, einen Freund zu machen, das ist die Essenz der wahren Religion.
Mahatma Gandhi

Für die meisten Menschen ist der Gedanke des Dienens untrennbar verbunden mit dem Streben nach gewissen präzisen Ergebnissen in der objektiven Welt. Für sie besteht Dienen in der Beseitigung menschlicher Leiden oder des Analphabetentums oder anderer Hemmnisse und Schwierigkeiten, die die Entfaltung des individuellen oder kollektiven Lebens beeinträchtigen. Dies ist die Art von Dienst, wie ihn geistig Suchende, Politiker, Sozialreformer und andere gut gesinnte Menschen leisten. Dienst solcher Art hat zwar überaus große geistige Bedeutung, doch es liegt in seiner Natur, dass er nie zu seinem Ende kommen kann. Was immer der Einzelne in diesen Bereichen zustande bringen mag, stets bleibt noch vieles zu tun. Solange der Gedanke des Dienens an den Gedanken von Ergebnissen gebunden ist, bringt das dem Dienenden unweigerlich ein Gefühl der Unvollständigkeit und Nichterfüllung. Das Unendliche ist nicht durch die Verfolgung einer endlosen Kette von Resultaten zu erreichen. Wer ein Leben des Dienens führt, um sichere und präzise Ergebnisse zu erzielen, trägt eine ewige Bürde mit sich herum.

Meher Baba

Verzichten bedeutet nicht zwangsläufig, dass man die Welt verlässt und sich in den Wald zurückzieht. Vielmehr muss der Geist des Verzichtens Vorrang vor allen Aktivitäten des Lebens haben. Denn ein Hausherr hört nicht auf, ein solcher zu sein, wenn er sein Leben als Pflicht und nicht als Genuss auffasst.

Ein Geschäftsmann, der in einem Geist des Opferns tätig ist, kann sehr wohl mit Millionen umgehen. Tut er das in Übereinstimmung mit diesem Gesetz, dann wird er seine Fähigkeiten für das Dienen einsetzen. Er wird weder betrügen noch spekulieren und ein einfaches Leben führen. Er wird keiner lebenden Seele etwas zuleide tun und lieber Millionen verlieren, als jemandem Schaden zufügen. Wohlverstanden: Er wird seinen Lebensunterhalt durch seine Arbeit verdienen, doch ist das nicht sein höchstes Ziel, sondern nur ein Nebenprodukt seiner Berufung. Und man sage mir nicht, ein solcher Geschäftsmann existiere nur in meiner Einbildung. Zum Glück für die Welt gibt es solche im Abendland wie im Orient.

Mahatma Gandhi

Ich will mich in die Berge zurückziehen, um mit Gott allein zu sein«, teilte ein Schüler dem Meister mit.

»Auf diese Weise wirst du keine geistigen Fortschritte machen«, erwiderte Paramahansaji. »Du bist noch nicht imstande, dich tief auf den *Geist* zu konzentrieren. Selbst wenn du in einer Höhle wohnst, werden deine Gedanken die meiste Zeit um Erinnerungen an andere Menschen und weltliche Vergnügungen kreisen. Freudige Erfüllung deiner irdischen Pflichten, verbunden mit täglicher Meditation, ist der bessere Weg.«

Paramahansa Yogananda

Wer das Leben des Geistes leben will, muss in der Welt stehen, ohne an ihr zu hängen, aber auch ohne ihr gegenüber kalt und gleichgültig zu werden. Innere Loslösung darf nicht als Geringschätzung missverstanden werden.

Sie ist nicht nur vereinbar mit rechter Einschätzung der Dinge, sondern deren unerlässliche Voraussetzung. Begehren erzeugt Täuschung und trübt die Wahrnehmung. Es nährt Zwangsvorstellungen und stärkt das Gefühl des Abhängigseins von äußeren Objekten. Innere Lösung aber erleichtert das Verstehen und Erkennen des eigentlichen Werts der Dinge, ohne das Bewusstsein von äußeren Objekten abhängig zu machen.

Die Dinge so sehen, wie sie sind, heißt ihr wahres Wesen als Teiloffenbarung des einen Lebens begreifen. Und wer so durch den Schleier ihrer scheinbaren Vielfalt sieht, ist frei vom quälenden

Verlangen nach irgendeinem Ding in seiner vorgestellten Isolation und Ausschließlichkeit. Das Leben des Geistes findet sich in einer alles einschließenden Schau, die frei ist von allem Haften, und in einer Wertschätzung, die frei ist von jeder Verstrickung. Es ist ein Leben positiver Freiheit, in welchem der Geist die Materie durchdringt und sie benutzt zur Verbreitung seines Lichts, ohne irgendeine Beschneidung seiner eigenen Forderungen hinzunehmen.

Meher Baba

Ich finde es immer schwer, Freundschaften, die ich geschlossen hatte, aufrechtzuerhalten«, vertraute ein Schüler dem Guru an. »Sei vorsichtig in der Auswahl deiner Freunde«, sagte Paramahansaji. »Sei herzlich und aufrichtig zu ihnen. Aber bewahre immer ein wenig Abstand und Respekt. Vermeide übermäßige Vertraulichkeit. Es ist leicht, Freundschaften zu schließen. Wenn du sie aber aufrechterhalten willst, musst du diese Regel befolgen.«

Paramahansa Yogananda

Kinder, ihr solltet eine Haltung entwickeln, in der ihr euch vor jedem und allem verbeugen könnt. Stellt euren Teller mit der Mahlzeit vor euch hin und verneigt euch vor der Mahlzeit, bevor ihr esst, und verneigt euch nach dem Essen vor dem Teller. Das wird zu der Haltung führen, euch zu jeder Zeit vor allem niederwerfen zu können. Auf diese Weise werdet ihr mehr Achtsamkeit für das entwickeln, was ihr tut … Werft euch vor dem Tuch nieder, das ihr tragen werdet. Verneigt euch vor dem Wasser, mit dem ihr eine Dusche nehmen wollt. Bei dieser Gelegenheit des Sich-Verneigens werdet ihr eine reine Auflösung erleben, so dass ihr in allem dasselbe Bewusstsein zu sehen vermögt, sei es in einer Form oder formlos.

Mata Amritanandamayi

Prüfe dich selbst ohne Gnade, dann wirst du anderen gegenüber umso wohltätiger und gnädiger sein.
Sri Aurobindo

Ein allzu vertraulicher Umgang mit anderen ist nicht gut«, sagte der Meister. »Freundschaften befriedigen uns nur dann, wenn sie ihre Wurzel in der gemeinsamen Liebe zu Gott haben.

Unser menschliches Verlangen, von anderen geliebt und verstanden zu werden, ist in Wirklichkeit die Sehnsucht nach der Vereinigung mit Gott. Je mehr wir dieses Verlangen äußerlich zu befriedigen versuchen, desto unwahrscheinlicher ist es, dass wir den göttlichen Freund finden.«
Paramahansa Yogananda

Aufgrund der vielfältigen Wünsche des Gemüts neigt das Materielle dazu, eine selbstständige Bedeutung zu gewinnen. Für den Trinker ist Wein alles, dem Habsüchtigen geht das Anhäufen von Gütern über alles, und für den Genussmenschen ist die Jagd nach Sinnesempfindungen der eigentliche Lebensinhalt. Dies sind Beispiele dafür, wie das Materielle infolge verschiedener Begierden des Gemüts einen ungebührlichen Platz gewinnt und den Ausdruck des Geistes verfälscht. Der richtige Weg, dem Geist seine Würde wiederzugeben, besteht nicht darin, das Materielle zu verwerfen, sondern es den Forderungen des Geistes dienstbar zu machen. Dies wird erst dann möglich, wenn der Geist von allen Begierden frei und seines eigenen wahren Standes vollauf bewusst geworden ist. Dann kann der Mensch materielle Güter besitzen, ohne ihnen zu verfallen. Wo nötig, kann er sich ihrer als Mittel bedienen, um das Leben des Geistes zu fördern, doch sie vermögen ihn weder zu locken noch zu binden, denn er hat erkannt, dass der wahre Sinn des Lebens nicht in ihnen gründet. Er lebt in der materiellen und

sozialen Umwelt, ohne daran zu hängen, und weil er ungebunden ist, vermag er sie zum Feld des Geisteslebens zu machen.
Meher Baba

Triffst du nicht Bess're oder Gleiche, geh allein
Auf deinem Weg; lass dich mit Toren niemals ein!
Gautama Buddha

Ist ein echter Ausgleich zwischen Geist und Materie zustande gekommen, gibt es keinen Daseinsbereich, der nicht dem Ausdruck des Göttlichen dienen könnte. Dann braucht der Mensch nicht mehr vor dem Alltag und seinen Verwicklungen wegzulaufen. Jene Freiheit des Geistes, die in Weltflucht, im Rückzug in die Einsamkeit gesucht wird, ist eine negative Freiheit. Wenn ein solcher Rückzug vorübergehend ist und der Verarbeitung weltlicher Erfahrungen sowie der inneren Losung dient, hat er seinen Nutzen, verschafft er doch eine Atempause in der Hektik des Daseins. Doch wenn dieser Rückzug bedingt ist durch Furcht vor der Welt oder durch mangelndes Vertrauen in den Geist, ist er alles andere als eine Hilfe zur Erlangung wahrer Freiheit. Wahre Freiheit ist in ihrem Wesen positiv und äußert sich in der ungeteilten Herrschaft des Geistes über das Materielle. Dies ist das wahre Leben des Geistes.
Meher Baba

Wenn die Menschen das Leben weniger ernst nähmen, dann könnten sie es sehr bald vollkommener machen. Gott nimmt seine Werke niemals ernst – deshalb haben wir dies wundervolle Universum vor Augen.
Sri Aurobindo

Was für den einen Wahrheit ist, kann für den anderen Unwahrheit sein. Wer nach der Wahrheit sucht, sollte deswegen nicht beunruhigt sein. Denn er wird durch unablässiges und ehrliches Bemühen zu der Einsicht gelangen, dass das, was unterschiedliche Wahrheiten zu sein scheinen, nur die zahllosen Blätter ein und desselben Baumes sind.

Mahatma Gandhi

Wo immer deine Arbeit sein mag, in der Küche, im Kuhstall oder in der Toilette, mache dies zu deinem Tempel … Wenn man sein Herz und seine Seele in eine Tätigkeit legt, wird sie in eine unermessliche Quelle der Inspiration verwandelt werden.

Mata Amritanandamayi

Wenn der Mensch eine Wohnstatt Gottes ist,
So sollten wir uns ihm zu Füßen werfen;
Doch sollten wir uns tunlichst fernhalten
Von seinen Gewohnheiten und seinen Zielen.
Feuer ist gut, um die Kälte zu vertreiben,
Doch kannst du es nicht zusammenschnüren und
In deinem Bündel mit dir tragen.
Tuka sagt:
Ein Skorpion oder eine Schlange mögen eine Wohnstätte
Des Gottes Narayana sein,
Doch solltest du sie aus der Ferne verehren
Und sie besser nicht anrühren!

Tukaram

Unsere Schule muss ein Tempel sein, nicht verknöcherter Lehre, sondern der Freiheit. Unsere Aufgabe ist das Ausformen des Charakters. Erziehung muss den Mut, die Kraft, die Tugend und die Fähigkeit entwickeln, sich selbst zu vergessen, weil man einer größeren Sache dienen will.

Wenn wir bei der Formung des Charakters des einzelnen Menschen Erfolg haben, dann wird die Gesellschaft imstande sein, ihre Probleme selbst zu lösen.

Mahatma Gandhi

Sei frei. Lebe in der Welt wie das weggeworfene Blatt, das als Teller gedient hat. Es ist ohne Wert. Wem liegt daran, es zu besitzen? Wer würde es auch nur berühren wollen? Es treibt vor dem Wind, mal hierhin, mal dorthin. Eben so.

Heute wirst du hierhin gestellt. Das ist gut. Verweile. Wenn er dich aber da fortnimmt und an einen besseren Platz stellt, werden die Welt und dein Heim nichts verloren haben.

Ramakrishna

Schwer ist es, in der Welt zu sein, frei und doch das Leben des gewöhnlichen Menschen zu leben. Aber gerade weil es schwer ist, muss es versucht und verwirklicht werden.

Sri Aurobindo

Viele Menschen glauben, die Religion spreche sich stets gegen materielles Wohlergehen aus. Und viele umsichtige Leute sagen: »In geschäftlichen Angelegenheiten ist kein Platz für die Religion. Die Religion ist einzig für das Streben nach dem Seelenheil da.« Meiner Ansicht nach ist dies ein Irrtum, welchen die Gita der Hindus korrigiert hat, denn sie zieht keine Trennungslinie zwischen der Suche nach dem Seelenheil und den Geschäften der Welt. Sie zeigt im Gegenteil, dass die Religion bis in die profansten Dinge hinein wirken muss.

Mahatma Gandhi

Schlussworte

Gott als unendliche Liebe unterzieht sich zunächst der Selbstbegrenzung in den Formen der Schöpfung, um sodann durch die verschiedenen Phasen der Schöpfung seine Unendlichkeit wiederzuerlangen. Alle Phasen der Selbsterfahrung Gottes als endlicher Liebender gipfeln schließlich in seiner Selbsterfahrung als der einzige Geliebte. Die Reise der Seele ist eine spannende göttliche Romanze, in welcher der Liebende, der am Anfang nichts gewahrte als Leere, Nichterfüllung, Oberflächlichkeit und den nagenden Schmerz der Knechtschaft, nach und nach zu einem immer freieren und volleren Ausdruck der Liebe findet, um letztlich im göttlichen Geliebten zu entwerden und aufzugehen in der Wirklichkeit des Einsseins von Liebendem und Geliebtem in der höchsten und ewigen Wahrheit Gottes als unendliche Liebe.

Wie in allen kritischen Perioden ihrer Geschichte geht die Menschheit heute durch die qualvollen Wehen geistiger Wiedergeburt. Große zerstörerische Kräfte sind am Werk und scheinen zur Zeit die Oberhand zu haben, doch werden über verschiedene Kanäle auch aufbauende, schöpferische Kräfte freigesetzt, die die Menschheit erlösen werden. Obwohl diese Kräfte des Lichts vorwiegend im Stillen wirken, sind sie letztlich bestimmt, jene Veränderungen herbeizuführen, die den weiteren geistigen Fortschritt der Menschheit sichern werden. All dies ist Teil des göttlichen Plans, der hungernden und erschöpften Welt eine erneute Darbietung der ewigen und einzigen Wahrheit zukommen zu lassen.

Vom Gesichtspunkt der letzten und einzigen Wahrheit der Verwirklichung existiert nichts außer Gott, dem Unendlichen und Ewigen.

Im Zustand der Verwirklichung ist die Illusion, dass es endliche, von Gott getrennte Dinge gibt, verschwunden, und mit ihr verschwunden ist auch Maya, die Schöpferin dieser Illusion. Die Seele gelangt zur Erkenntnis ihrer selbst, indem sie den Blick nach innen wendet und die Vorspiegelungen der Maya durchschaut. In der letzten Erkenntnis ihrer Wirklichkeit weiß die Seele nicht nur, dass die verschiedenen Ich-Gemüter und Körper als solche nie existierten, sondern auch, dass das gesamte Universum und Maya selbst als *getrenntes* Prinzip nie existierten. Was immer Maya an Wirklichkeit gehabt haben mag, löst sich auf im unteilbaren Sein der einen Seele. Die Seele weiß sich nun als das, was sie von jeher gewesen ist – ewig verwirklicht, ewig unendlich in Wissen, Seligkeit, Macht und Sein und ewig frei von aller Dualität. Doch diese höchste Form des Wissens ist dem Intellekt unzugänglich. Sie kann nur von jenen begriffen werden, die die Höhen der letzten Verwirklichung erreicht haben.

Meher Baba

textnachweis

Anandamayi Ma: *Gedichte*. Übersetzt von Stephan Schuhmacher (unveröffentlicht).

Bess, Savitri: *Der Weg der Mutter: Auf dem spirituellen Pfad der Göttlichen Mutter »Amma«*. 2004 Arbor Verlag, Freiamt im Schwarzwald.

Deussen, Paul: *Allgemeine Geschichte der Philosophie: mit besonderer Berücksichtigung der Religionen*. Leipzig (Brockhaus) 18XX.

Die Bhagavad-Gita. Sanskrittext mit Einleitung und Kommentar von S. Radhakrishnan, mit dem indischen Urtext verglichen und ins Deutsche übersetzt von Siegfried Lienhard. Holle, Baden-Baden 1958.

Fikirchand: *Gedichte*. Übersetzt von Stephan Schuhmacher (unveröffentlicht).

Gautama Buddha: *Anguttara Nikaya*. Nach der Übersetzung von Karl Eugen Neumann. Artemis Verlag, Zürich/Paul Zsolnay Verlag, Wien 1957.

Gautama Buddha: *Dhammapada – Das Buch der Sprüche*. Übersetzt von Kurt Schmidt. Verlag Beyerlein & Steinschulte, Herrnschrot, 95236 Stammbach.

Gautama Buddha: *Majjhima Nikaya*. Nach der Übersetzung von Karl Eugen Neumann. Artemis Verlag, Zürich/Paul Zsolnay Verlag, Wien 1957.

Gautama Buddha: *Samyutta Nikaya*. Nach der Übersetzung von Karl Eugen Neumann. Artemis Verlag, Zürich/Paul Zsolnay Verlag, Wien 1957.

Harvey, Andrew: *Der Duft der Wüste: Weisheiten aus der Tradition der Sufis*. 2003 Arbor Verlag, Freiamt im Schwarzwald.

Hazrat Inayat Khan: *The Complete Works*. Quelle: http://www.petama.ch/DM-Works.htm.

Kabir: *Gedichte*. Übersetzt von Stephan Schuhmacher (unveröffentlicht).

Kalidasa: *Gedichte*. Übersetzt von Stephan Schuhmacher (unveröffentlicht).

Kanakadasa: *Gedichte*. Übersetzt von Stephan Schuhmacher (unveröffentlicht).

Lehmann, Arno: *Die Hymnen des Tayumanavar*. Bertelsmann, Gütersloh 1935.

LeSaux, Henri (Swami Abhishiktananda): *Der Weg zum anderen Ufer: Die Weisheit der Upanishaden*. Diederichs, Düsseldorf/Köln 1980.

Mahadeviyakka: *Gedichte*. Übersetzt von Stephan Schuhmacher (unveröffentlicht).

Mahatma Gandhi: *Was macht es schon, wenn man uns für Träumer hält?* Deutscher Taschenbuch Verlag, München 2001.

Meher Baba: *Darlegungen über das Leben in Liebe und Wahrheit*. O. W. Barth, Bern u. a. 1991. Avatar Meher Baba Perpetual Public Charitable Trust, Ahmednagar, India.

Mögling, H. Fr.: »Lieder Kanaresischer Sänger«. *Zeitschrift der deutschen morgenländischen Gesellschaft* 14 (1860).

Paramahansa Yogananda: *Worte von Paramahansa Yoganada*. Hrsg. von Self-Realization Fellowship, Los Angeles 2003.

Ramakrishna: *Ramakrishna Kathamrita*. Übersetzt von Stephan Schuhmacher. Quelle: http://www.kathamrita.org/kathamrita.htm und http://www.hinduism.fsnet.co.uk/namoma/kathamritam.

Ramana Maharshi: *Wer bin ich? (Nan Yar)*. Hrsg. von V. S. Ramanan, President Board of Trustees, Sri Ramanasramam.
Quelle: http://www.ramana-maharshi.org/.

Shankaracharya: *Gedichte*. Übersetzt von Stephan Schuhmacher (unveröffentlicht).

Shivavakiyar: *Gedichte*. Übersetzt von Stephan Schuhmacher (unveröffentlicht).

Sri Aurobindo: *Thoughts and Aphorisms* (1913). Übersetzt von Stephan Schuhmacher. Quelle: http://intyoga.online.fr/text_idx.htm.

Swami Vivekananda: *The Complete Works of Swami Vivekananda*. Übersetzt von Stephan Schuhmacher. Quelle: http://www.ramakrishnavivekananda.info/vivekananda/complete_works.htm.

The Sacred Books of the Hindus. Translated by various Sanskrit Scholars. Allahabad, India, 1909–1932.

Türstig, Hans-Georg (Hrsg.): *Die Weisheit der Upanischaden: Klassiker indischer Spiritualität*. Fischer Taschenbuch, Frankfurt a. M. 1996. © Hans-Georg Türstig.

Tukaram: *Gedichte*. Übersetzt von Stephan Schuhmacher (unveröffentlicht).

von Glasenapp, Helmut: *Indische Geisteswelt: Glaube, Dichtung und Wissenschaft der Hindus*. Holle, Baden-Baden 1958.

von Glasenapp, Otto: *Indische Gedichte aus vier Jahrtausenden*. Grote, Berlin 1925.